ARGILLAN,

OU

LE FANATISME

DES CROISADES;

TRAGÉDIE

EN CINQ ACTES.

Par M. FONTAINE.

Tantum relligio potuit suadere malorum !
Lucr.

A AMSTERDAM,

Et se trouve à PARIS,

Chez LE JAY, Libraire, rue Saint Jacques, au-dessus
de la rue des Mathurins, au Grand Corneille.

M. DCC. LXIX.

(3)

A MONSIEUR
LE COMTE
DE MAILLÉ,
DE LA TOUR-LANDRY,

Brigadier des Armées du Roi, Colonel du Régiment de Condé, Premier Gentil-homme de la Chambre de S. A. S. Monseigneur le Prince de CONDÉ.

MONSIEUR,

L'HISTOIRE des guerres de Religion est le sujet éternel des méditations du Philosophe. Ce sont des expériences fatales faites sur l'homme : elles constatent ce qu'il est. C'est dans les siecles de barbarie qu'il faut le fréquenter, pour apprendre à le connaître, & concevoir l'idée des excès dont il est capable. Il est un degré de superstition & d'ignorance, où son imagination n'attend, pour ainsi dire, qu'un prétexte, pour se livrer aux égaremens les plus étranges. Telle est la réflexion que j'ai souvent faite en lisant l'histoire des Croisades : en voyant un fils qui refuse la rançon de son pere ; des Croisés, qui pillent des Temples consacrés au Dieu

a ij

même , dont ils vont prendre la défense ; des femmes prostituées qui chantent des airs consacrés à la débauche , dans la Chaire de vérité ; des Religieux sans discipline , des Chrétiens sans foi , sans vertu , se plongeant à l'envi dans les plus affreux désordres , & donnant l'exemple de tous les crimes.

Cependant , on est consolé de ces forfaits , par un petit nombre de vertus , & l'on rencontre avec joie quelques Héros parmi tous ces brigands. L'histoire nous a peint , en autres actions mémorables , ce combat fameux de cinq cents Chevaliers du Temple , contre une armée de Sarrazins. Elle nous apprend que le brave MAILLÉ , l'un de vos illustres ancêtres , demeuré seul de tous ces Chevaliers , étonna longtems cette armée entiere , par les prodiges de sa valeur , & que ces barbares admirant son héroïsme , le crurent un guerrier envoyé par le Ciel au secours des Chrétiens. *

Ce n'est point en faisant rejaillir sur vous la gloire de cette action , que je prétends faire ici votre éloge ; les votres sont connues de tous les Chevaliers Français. Vous avez montré plus d'une fois , que dans votre noble famille , la valeur se transmet avec le nom que vous portez. J'ai admiré , je l'avoue , le courage intrépide de votre ayeul ; mais , si l'on peut faire un plus heureux emploi de sa bravoure , c'est , j'ose vous le dire , le noble usage que vous faites de la votre. Ce Héros prodigua stérilement son sang pour le fol espoir de soutenir la Religion ; vous avez consacré plus utilement le votre , à la défense de la Patrie.

* Ils le prirent pour S. Georges.

Je suis avec un profond respect ,

MONSIEUR,

Votre très-humble & obéissant serviteur , FONTAINE.

PRÉFACE.

Tout Ecrivain philofophe doit fe propofer pour
but la gloire d'annoncer de grandes vérités aux hommes. La plume deftinée à tracer les penfées de fon
ame, doit être en fes mains un inftrument confacré
à la vérité. Ce n'eft qu'à cette condition qu'il lui eft
permis de produire au dehors les fentimens qu'il
éprouve en lui-même, & d'épancher fon ame en liberté. Avant de commencer d'écrire, qu'il fe con-
fulte ; qu'il fe demande : Eprouvai-je la noble envie
d'être utile aux hommes, & de concourir à leur bonheur ? L'emploi que je m'impofe, c'eft d'inftruire le
genre humain. Je viens démentir les horribles leçons
que lui ont données le fanatifme & la fuperftition. Il
eft une Religion ; je veux la rendre moins terrible,
afin qu'elle foit bienfaifante. Il eft un Dieu ; je veux
le faire aimer, afin qu'il foit adoré. Il eft pour
l'homme des devoirs éternels & qui ne peuvent changer ainfi que les objets de fa croyance ; le mien eft
de les enfeigner. En épurant fon culte, en éclairant
fon ame, ce ferait l'égarer moi-même, fi j'ofais l'inftruire à méprifer les mœurs & la fainteté de la vertu.
Tel eft l'engagement qu'un philofophe contracte avec
le genre humain : s'il n'a pas fincerement deffein de

le remplir, qu'il jette la plume; il ne mérite pas l'honneur de parler aux hommes, puisqu'il ne sent pas en lui le noble desir de les rendre plus vertueux. Ce n'est qu'ainsi que l'art d'écrire devient le plus sublime emploi d'un être pensant.

Eclairer les humains, est une loi que la nature impose aux sages. Telle est la destination de ces êtres rares ; c'est pour cela qu'ils semblent nés. Ce sont des sages, qui les premiers donnerent des loix aux hommes : s'il n'eût jamais existé que des Rois, comment irait l'univers ? Les persécuter est une sorte de rebellion. Les grands hommes sont une espéce de Souverains donnés par la nature. Le reste des esprits sont comme autant de sujets que le génie leur subordonne, & leur cabinet solitaire est l'azile auguste d'où ces Souverains exercent leur empire invisible. C'est ainsi qu'ont regné ces philosophes paisibles, qui tour à tour ont éclairé le monde.

Mais cette maniere de gouverner les hommes subit comme l'autre une fatalité cruelle. Tous les Rois qui ont occupé des trônes ne furent pas de bons Rois ; de même tous ceux qui se sont mêlés d'instruire & d'éclairer le monde, ne furent pas toujours des sages. Éternellement on se souviendra des maux qu'ont causé ces usurpateurs. Quel étrange abus ils ont fait de leur pouvoir ! ils furent des tirans plus funestes à l'humanité que les Nerons & les Tiberes.

S'il est essentiel pour un peuple d'être gouverné

par des Princes équitables & paisibles, il n'eft pas moins intéreffant pour l'humanité que ceux qui prétendent tenir entre leurs mains le dépôt des vérités, foient infpirés par la fageffe. S'il eft vrai qu'un peuple prend les vices des maîtres qui le gouvernent, il eft auffi vrai qu'il reçoit l'ame & les penfées de ceux qui l'inftruifent. Leur efprit fe tranfmet à des nations entieres ; leurs penfées fe communiquent à toutes les têtes ; les maximes répandues dans leurs écrits, vont infenfiblement fe dépofer dans tous les cœurs, & le fiécle où ils ont vêcu porte l'empreinte de leur ame. C'eft ainfi que l'on ne vit jamais un philofophe former des fanatiques, & que jamais un fanatique n'éleva de philofophes. Socrate & Platon firent de leurs difciples, des hommes fages comme eux ; Calvin & Luther n'ont formé que des fous cruels : les premiers firent adorer l'être fuprême ; ceux-ci ont verfé le fang des hommes uniquement pour détruire la confeffion & la préfence réelle.

Il n'eft point d'excès ou l'homme ne foit capable de fe porter fur la foi de ceux qui favent s'emparer de fa crédulité. Cet être, capable de raifon, a reçu une intelligence facile à égarer. Sujet au fanatifme, l'abfurde, le merveilleux le frappent & affujettiffent fa faible croyance. Eh ! dans quels égaremens on l'a fouvent précipité ! que n'eft-il point capable de croire, puifqu'il a pu penfer que verfer le fang de fon femblable, c'étoit adorer l'être fuprême ? Voilà les hor-

reurs dont on ne doit point se lasser de lui représen-
ter aujourd'hui le tableau ; de même qu'il faut offrir à
l'homme de sang froid, le spectacle des excès où il
s'est emporté dans son ivresse. Le genre humain doit
profiter de son expérience & de ses égaremens pour
devenir plus raisonnable & plus sage. C'est par l'e-
xemple des siécles passés, qu'on instruit les siécles à
venir.

La contagion du fanatisme qui a ravagé nos
climats, n'épouvante plus aujourd'hui. Cependant
on a peut-être tort d'imaginer que la philosophie a
purgé pour jamais la terre de cette peste. N'étaient-
ils pas aussi des hommes, ceux qui s'égorgerent pour
quelques opinions, qui ne devaient pas même les
empêcher de s'aimer ? Méfions-nous de notre fai-
blesse & de l'imperfection de nos organes. Il est à
présumer que nous portons tous en nous le germe de
ce poison fatal. Je sçais que la philosophie a diminué
nos erreurs, ou du moins les a rendues plus douces
& moins fatales à l'espéce humaine ; mais il est une
foule d'hommes parmi lesquels la lumiere qui nous
luit ne pénétrera jamais, & qu'il est nécessaire d'arrêter dans les ténèbres de l'ignorance. C'est de cette
classe d'hommes que l'on tira cette milice de fanatiques que l'on a vu courir, le glaive en main, durant plusieurs siécles. Vivons dans la crainte, tant
qu'il existera des superstitieux ou des fourbes. Je
doute qu'il arrive jamais un tems où il ne soit possible

de tromper, d'égarer les faibles mortels. » Ceux
» qui prétendent, dit Monfieur de Voltaire, que les
» tems du fanatifme font paffés, qu'on ne verra plus
» de Barcochebas, de Mahomets, de Jean de Leyde,
» &c. que les flâmes des guerres de religion font
» éteintes, font, ce me femble, trop d'honneur à
» la nature humaine. Le même poifon fubfifte en-
» core, quoique moins développé : cette pefte qui
» femble étouffée, reproduit de tems en tems des
» germes capables d'infecter la terre. N'a-t-on pas
» vû de nos jours les prophêtes des Cevennes, tuer
» au nom de Dieu, ceux de leur fecte qui n'étaient
» pas affez foumis ? «

Qui nous a dit que l'on ne verra pas encore quelque jour ces fcènes fanglantes fe renouveller fur la
furface de la terre ? Mille caufes éternellement igno-
rées, peuvent amener ici bas des changemens infinis.
Les hommes ont paffé tour-à-tour, de la folie à la
raifon, d'une ignorance ftupide à un état plus éclairé?
Les beaux Arts font périffables comme la faible efpéce qui les cultive : une feule révolution peut replonger encore dans la barbarie, cette Europe aujourd'hui fi favante.

S'il eft quelque moyen de prévenir ces rechutes
effrayantes, ce n'eft pas de renverfer la religion qui
fut la caufe ou le prétexte de tant de crimes. Sans
doute il faudrait la détruire, fi elle eût pû jamais
confeiller de femblables forfaits, mais il faut en con

PREFACE.

venir, fa morale eft douce & paifible : elle ne de-
vint atroce & fatale que lorfqu'elle fut interpretée
par des furieux ou par des fourbes. Il eft vrai que
notre Religion forma plus qu'aucune autre de ces
dévots infenfés, dont l'hiftoire nous a peint les fureurs. Tel eft le malheur attaché à notre condition :
une Religion toute merveilleufe, toute fondée fur
des miracles, en propofant pour objet de notre culte,
des dogmes incompréhenfibles à notre faible intelligence, fait prefque toùjours des fanatiques ou des
incrédules. Il faut plaindre les uns & tâcher de guérir les autres. Il ne fuffira pas de leur crier que le
fanatifme eft dangereux : il faut leur prouver cette
vérité par des exemples. C'eft en expofant fous
leurs yeux, le fpectacle des horreurs qu'il a cau-
fées, ou dont il peut devenir la caufe, que l'on peut
parvenir à opérer leur guérifon. Voilà pourquoi le
grand ouvrage de Mahomet, le plus hardi fpectacle
qu'on ait peut-être jamais offert aux hommes affem-
blés, eft une fublime leçon de Philofophie donnée
à l'Univers. » Si cette Tragédie laiffe quelque chofe
» à regretter aux fages, dit Monfieur d'Alembert,
» c'eft de n'y voir que les forfaits caufés par le zèle
» d'une fauffe Religion, & non les malheurs encore
» plus déplorables, où le zèle aveugle pour une re-
» ligion vraie, peut quelquefois entraîner les hommes.

   Tel eft le fujet que j'ai ofé traiter : tels font les
malheurs que j'ai effayé de peindre. Ce font des Chré-

tiens que je montre en spectacle à des Chrétiens.
Leurs égaremens, leurs fureurs ont droit de nous
intéresser, plus qu'aucun peuple du monde. Quoi de
plus intéressant pour nous, que le spectacle de nos
propres folies ? Ce ne sont point ici des crimes commis au nom de Mahomet ; ce sont des meurtres, des
excès commis par des Chrétiens, au nom de ce même
Dieu que nous adorons. Ce ne sont point les fureurs
d'un peuple nourri dans une Religion étrangere,
dont j'ai tracé le tableau déplorable ; ce sont les
fureurs de nos ayeux ; nous sommes nés dans le sein
de la même Religion, nous fûmes élevés dans les
mêmes principes. Si le hazard eut placé notre naiss-
fance dans ces tems malheureux, nous eussions suivi
sous les murs de Jerusalem, des Souverains & des
Nations extravagantes. La Syrie nous eût vus aussi,
forcenés & respirant le carnage, à l'exemple de tant
de scélérats armés pour la cause du Ciel.

Si l'on n'eût jamais abusé de la crédulité des hommes, si l'on eût mis les objets de leur culte à la por-
tée de leur intelligence, sans doute, ils eussent fait
moins de folies. La philosophie qui sçait combien ils
sont faibles & bornés, loin d'écraser leur imagination sous des dogmes effrayans, la soulage, en lui
permettant quelquefois de douter de ce qu'elle ne
peut concevoir. Elle les conduit aux pieds de l'Etre
suprême, par l'amour & non par la terreur : elle
fonde uniquement sur la Nature les devoirs qu'elle

leur impofe, & n'exige de leur être que ce qui eft
en fa puiffance.

Heureux l'homme de bien, qui confacrant fa vie
augufte au bonheur d'être utile au monde, viendrait
à bout de purger la terre du vil amas des fuperfti-
tions; d'apprendre aux hommes à fe traiter avec indulgence, à fe pardonner des préjugés, des erreurs
inféparables de leur faible nature; & parviendrait
enfin à rendre éternels dans leurs cœurs, l'amour de
l'humanité & l'horreur du fanatifme!

De toutes les folies que l'on conte de l'efpéce humaine, depuis que l'on écrit fon hiftoire, celle des
Croifades eft fans doute une des plus bifarres. Ce
fujet m'a toujours paru un des plus beaux qu'on
puiffe expofer fur la fcène. Quand je dreffai le plan
de cet ouvrage, je me propofai furtout, de donner
une idée des mœurs étranges de ces fiécles déraifon-
nables : je voulus peindre les cruautés, le fanatifme,
les extravagances des chrétiens; leur haine implacable contre les Sarrazins, & l'animofité des Sarrazins contre les Chrétiens. C'eft ce que j'ai effayé
de faire, en traçant le caractère d'Argillan. J'ai
répandu dans tous fes difcours, ce ton d'enthoufiaf-
me, que produit néceffairement une imagination trop
échauffée. Le fanatifme eft une efpèce de délire; il
faut que toutes les expreffions fervent à peindre cet
état de l'ame. Voilà pourquoi, dans un endroit du
quatrieme acte, que j'ai fupprimé, au moment même

PREFACE   xiij

que Saladin cherche à l'adoucir & l'exhorte à la paix,
entrant tout à coup en extafe, Argillan s'écriait.

Voi ton juge effroyable au fond de l'avenir,
Amis de Mahomet, qu'allez vous devenir ?
Ses mains ont préparé le jour de la vengeance ;
Mortels, pour vous juger il se lève, il s'avance.
Tout s'allarme à l'afpect de ce Dieu redouté,
Et le tems fur fes pas retourne épouvanté ;
Il lui rend en fuyant les fiécles & les heures.
Il commande, & fortant de fes fombres demeures,
Le genre humain s'éveille & refpire à la fois.

O jour épouvantable, où l'éternel raffemble
Les mortels étonnés de fe trouver enfemble !
C'eft envain que pour fuir l'homme s'eft élancé ;
Le pécheur vers fon juge eft partout repouffé.
En ce péril affreux la fuite eft inutile :
Le tombeau fe referme & refufe un azile.
Entendez-vous le choc des globes fe heurtans,
Sur l'Univers détruit de toutes parts croûlans ?
Je me trouve au milieu de la chute des mondes.
Tous, enfemble agités de fecouffes profondes,
Se preffent pour entrer dans la nuit du cahos.
Les cieux font éclipfés, & n'ont plus de flambeaux.
Tout garde déformais un terrible filence ;
O fpectacle étonnant! L'éternité commence !

J'ai peint dans Sandomir, un jeune homme entraîné
par une paffion fatale & irréfiftible, balançant entre
fa maitreffe & fon Dieu, s'efforçant de concilier
fon amour avec fa religion, & s'aveuglant quelquefois jufqu'au point de croire que fa paffion n'eft pas
illégitime.

Rofemond eft un vieillard qui touchant au terme de fa carriere, s'aperçoit enfin que ces guerres facrées ne font point commandées par le ciel, & que l'on peut-être un bon chrétien, fans égorger les Sarrazins. Tous ces perfonnages font purement d'invention.

Le caractere de Saladin eft le feul que j'aye puifé dans l'hiftoire. Si j'ai ofé porter quelque atteinte à fa vérité, c'eft en le repréfentant comme un vrai Philofophe. L'hiftoire nous apprend qu'il fut un bon Mufulman, zèlé pour fa religion. Au refte, le caractere de Philofophe, n'exclut peut-être pas la croyance en une religion quelconque. Sa bonté, fa clémence n'en font que plus étonnantes; furtout fi on les compare à la fureur des Chrétiens, qui profeffaient une religion plus fainte & plus paifible.

Quelle preuve plus éclatante d'une plus fublime Philofophie, que celle qu'il donna en mourant? Tranquille & calme dans ce moment terrible, où quelquefois le fage lui même s'épouvante, Saladin voulut, de fon lit de mort, informer les hommes du néant des grandeurs & de la gloire. Au lieu du drapeau qu'on élevait devant fon Palais, il fit porter le drap deftiné à l'enfevelir : celui qui tenait cet étendart de la mort, eut ordre de crier à haute voix : » voilà ce » que Saladin vainqueur de l'Orient emporte de fes » conquêtes.» Quelques hiftoriens ont affûré qu'il laiffa des aumônes égales, aux pauvres Mahométans, Juifs

& Chrétiens ; voulant fans doute faire entendre, pa
cette fage diftribution que tous les hommes font freres
quelle que foit leur religion , & que pour les foulager
il ne faut jamais s'informer de ce qu'ils croyent
mais de ce qu'ils fouffrent.

Saladin n'était pas né avec la paffion de la guerre
Ayoub fon pere l'entraîna, malgré lui, dans les Camps
Les circonftances l'y enchaînèrent ; il fe vit forc
de devenir un Conquérant. Son caractere était na
turellement doux & pacifique. On ne peut affez ad
mirer la clémence avec laquelle il traita toujours le
ennemis cruels qu'il eut à combattre. La barbari
des Chrétiens ne l'empêcha jamais de leur pardon
ner, quand il les avait vaincus. On le vit plus d'un
fois envoyer des vivres en abondance à fes enne
mis qui lui demandaient grace , & les nourrir géné
reufement, quand il pouvait les détruire. On le vi
plus d'une fois , & entre autres , après le fiége d
la Ville de Krak , racheter de fon propre tréfor
les femmes, les enfans des braves Chrétiens qui le
avaient vendus pour foutenir ce fiége , & leur fair
diftribuer à tous , des fommes proportionnées à leur
pertes & à leurs befoins. On fçait de qu'elle bont
il ufa avec les habitans de Jérufalem. Il entra dan
cette Ville , non comme un vainqueur, mais comm
un Souverain dans la Capitale de fes Etats. Aucu
acte d'hoftilité ne troubla fon paifible triomphe. I
fit laiffer dans les hopitaux tous les malades qui s'

trouvaient , & ordonna qu'ils fuſſent traités à ſes dépens. » Ce Sultan généreux délivra mille pauvres » à la priére de ſon frere Seif-Eddin Adel , & mille » autres , à la ſollicitation de Balean. Vous avez fait » leur dit-il , votre aumône l'un & l'autre : il eſt » juſte que je faſſe la mienne. Publiez daus la ville » que tous les pauvres peuvent en ſortir , & que » je leur accorde la liberté. « * Tous les priſonniers reclamés par leurs femmes , leurs filles ou leurs meres , furent délivrés par Saladin. Tous les ma- heureux qui ſe préſentèrent devant lui , reçurent de l'argent ou des ſecours. Que l'on compare ſa con- duite avec celle des Croiſés , qui lorſqu'ils ſe rendi- rent maîtres de Jéruſalem , en égorgèrent tous les habitans , & que l'on juge.

O grand Saladin , puiſque tu ſçus pardonner , re- çois ici l'hommage que je rends à tes vertus. Ce fut pour célébrer l'admiration que tu m'as inſpirée que j'entrepris ce faible ouvrage. O grand homme , je voulus rendre publiques , les larmes que tu m'as fait répandre. Mais hélas ! Ce monument que je conſa- cre à ta gloire , périra peut-être bientôt , avec les fai- bles mains qui l'ont dreſſé. On ignorera juſqu'au nom de l'être ſenſible qui vint honorer ta mémoire. N'importe : j'ai ſatisfait mon cœur. J'ai dû te rendre grace d'avoir épargné le ſang des hommes.

---

* Hiſtoire de Saladin. Ouvrage écrit avec Philoſophie & plein de recherches ſçavantes.

ARGILLAN

ARGILLAN,

OU

LE FANATISME

DES CROISADES;

TRAGÉDIE

EN CINQ ACTES.

ACTEURS.

SALADIN, *soudan de Jérusalem.*

ZELIMERE, *fille de Saladin.*

ROSEMOND, *ancien Roi de Sicile , prisonnier à la Cour de Saladin.*

ARGILLAN,
SANDOMIR, } *fils de Rosemond.*

SELIME, *confidente de Zelimère.*

GERNAND , *ancien sujet de Rosemond.*

OSCAR, *Confident d'Argillan.*

UN EMIR.

SUITE DE SALADIN.

SUITE D'ARGILLAN.

La Scene est à Jérusalem , dans le Palais de Saladin.

Binet inv. et sculp.

..... Es-tu mon assassin ?
Barbare, il m'est affreux de périr de ta main.

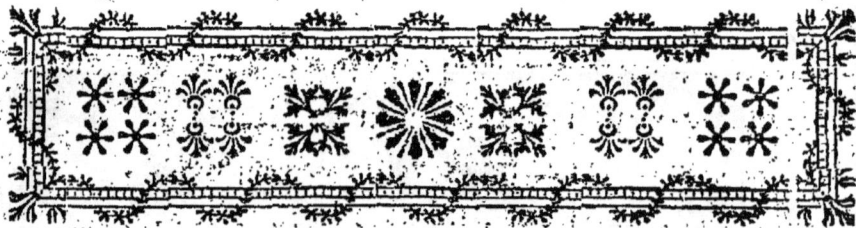

ARGILLAN,
TRAGÉDIE.

ACTE PREMIER.

SCENE PREMIERE.
ROSEMOND, GERNAND.
GERNAND.

J'ARRIVE dans Solime, & dès le premier pas,
Le ciel, après vingt ans, vous remet dans mes bras.
Rosemond, est-ce vous ? O mon Prince ! ô mon maître !
Mon œil avidemment cherche à vous reconnaître :
Hélas ! ces tristes yeux vous ont souvent pleuré.
Que l'âge & les malheurs vous ont défiguré !
Mais parmi tant de maux où le sort vous condamne
Pourquoi vous rencontrai-je en cette Cour profane

A ij

4 **ARGILLAN,**

Pourquoi, trifte & déchu du rang des Souverains
Languiffez-vous ici, méconnu des humains ?
Tandis que dans ces lieux votre lente juftice,
D'un lâche ufurpateur, néglige le fupplice,
Votre fceptre à la main, il triomphe des loix.
L'infolent revêtu de la pourpre des Rois,
Paifible le front ceint d'un diadême augufte,
A profané le trône où s'affeyait le jufte.
Qu'il tremble : un Dieu vengeur vous confie à ma foi.
J'irai, j'annoncerai que j'ai trouvé mon Roi.
Mais que dis-je ? Sortez de cette nuit profonde,
Redemandez le trône, & montrez-vous au monde.
Souffrez, Seigneur, fouffrez que ma fidèle main,
Dans le camp des Chrétiens conduife un Souverain,
Que j'amène à leurs yeux un Prince magnanime ;
Honorez un fujet de cet emploi fublime.
Votre augufte mifere excitant les douleurs,
Ira contre un tiran foûlever des vengeurs.

ROSEMOND.

Gernand, j'honore en toi cette noble conftance.
Il n'eft plus tems ami, de parler de vengeance.
Vien : fatisfais des foins & des vœux plus preffans ;
Ah ! parle-moi plutôt de mes triftes enfans.
Vivent-ils ? De leur fort daigne inftruire leur pere ;
Sans doute ils ont rejoint leur déplorable mere,
Et d'un frere barbare...

GERNAND.
Ils refpirent tous deux.

TRADEDIE.

ROSEMOND.

Mes fils! ciel! à ce point combles-tu tous mes vœux?
Par quel prodige, ami, que je ne puis comprendre,
Épargnat-il un fang qu'il brûlait de répandre?

GERNAND.

Le bruit de votre mort, du crime affreux fignal,
De votre époufe en pleurs hâta l'inftant fatal:
Elle expire, & fes fils, l'efpoir de votre race,
Difparurent foudain fans laiffer nulle trace.
Ceffant de feindre alors, l'audacieux Onfroi
Porte un pied téméraire au trône de fon Roi.
Soit que toujours le ciel qui garde fa victime
Aveugle un fcélérat au milieu de fon crime,
Soit que de leur berceau ces timides enfans
Ne puffent l'effrayer de leurs cris innocens,
Le perfide épargnant des victimes fi cheres,
Confia leur enfance à des mains étrangeres.
De ces Princes longtems perdant le fouvenir
Paifible, fans allarme il les laiffa grandir.
Aujourd'hui ces guerriers dont la valeur l'étonne
Viennent l'épouvanter en paffant près du trône.
Allarmé de fon rang, redoutant fes grandeurs,
Il les écarte: il craint dans fes lâches terreurs
Qu'un fecret échappé de la nuit du filence,
Sur fon coupable front n'attire la vengeance.
Un Dieu, fans doute, égare & trompe l'infenfé:
Je le vois: fon fupplice eft déja commencé.

Je vois qu'au trait vengeur le tiran est proie.
Dans vos bras paternels l'imprudent les envoie,
Et d'un prétexte saint déguisant ses frayeurs....

ROSEMOND.

Que dis-tu ? Quoi, mes fils !..J'oublirais mes malheurs.
Je verrais mes enfans ! mon cœur se sent renaître.
Ah ! ciel ! que deviendrai-je en les voyant paraître ?

GERNAND.

Huit fois j'ai vû du jour les rayons bienfaisans
Depuis que dans le camp l'ainé de vos enfans
Est venu des Chrétiens rassurer le courage.
Chevalier valeureux, plein des feux du jeune âge,
L'intrépide Argillan, par d'illustres exploits
De la Religion vient soutenir les droits.
Il vient à Saladin redemander Solime,
Reclamer ces lieux saints que l'infidèle opprime.
Mais je crains le méchant qui le suit aux combats.
Par-tout l'affreux Oscar accompagne ses pas.
Oscar, cet ennemi, ce fourbe, cet impie,
Lui, qui de votre épouse....

ROSEMOND.

O crime ! ô barbarie !
Que nos yeux vigilans découvrant ses desseins,
Garantissent mon fils de ses perfides mains.
Ami d'une famille illustre, infortunée,
Du second de mes fils quelle est la destinée ?
Parle.

GERNAND.

Il brillait, Seigneur, au rang des Chevaliers;
Quand un combat funeſte à l'un de nos guerriers
Le fit d'un ennemi triompher avec gloire.
La mort allait punir ſa fatale victoire.
Il a fui dans ces lieux les Chrétiens courouçés.
Le terrible anathême & ſes foudres lancés
Juſques dans ſa retraite ont atteint le coupable.

ROSEMOND.

Qu'entends-je ? Nomme-moi ce guerrier formidable.
Sandomir n'eſt-il point ce jeune infortuné ?

GERNAND.

Oui ; lui-même, Seigneur.

ROSEMOND.

Mon cœur l'a deviné.
Sandomir eſt mon fils ! ô nature ! ô tendreſſe !
Je le vois, je l'entens, je lui parle ſans ceſſe.
Tu me vis enivré d'un funeſte poiſon,
Quand l'exemple des Rois égarant ma raiſon
Inſenſé je courus les champs de la Syrie.
Déſertant la Sicile, & loin de ma patrie,
J'emportai dans ma fuite, à la honte d'un Roi,
Le tribut des bienfaits qu'elle attendait de moi.
Noradin nous ſurprit durant une nuit ſombre.
Envain nos Chevaliers combattirent dans l'ombre.
Je tombai dans ſes mains parmi tant de héros.
Je me vis enfermé dans le fond des cachots.

A iv

O tems de ma mifere ! ô tems de ma fouffrance !
Vainement de la mort j'implorai l'inclémence.
Révolté de mes maux, déteftant mes revers,
Je repouffai la main qui m'apportait des fers.
Je frémis d'habiter ces abîmes funèbres,
De me fentir vivant dans l'horreur des ténèbres.
Chaque jour fans relâche un fecours odieux
Conferva fans pitié les jours d'un malheureux.

Le fort renouvellait fur ma prifon profonde,
Les fantômes changeans du fpectacle du monde.
Tandis que je languis, oublié des humains,
Mon fuperbe vainqueur termine fes deftins.
Saladin lui fuccède, & faifit fa couronne.
L'un defcend au tombeau, l'autre s'élève au trône.
Tout-à-coup les cachots s'ouvrirent devant moi,
Ce héros accourant au fecours de ton Roi,
M'aborde, & d'une main fenfible à ma mifere,
Me prit, me ramena mourant vers la lumiere.

Je rencontrai mon fils. Les décrets éternels
Sans doute l'ont conduit dans mes bras paternels.
Je l'aimai, je fentis une volupté pure.
Tout mon être à la fois preffentait la nature.
Ah ! je cède le trône & le fatal honneur
De périr malheureux au fein de la grandeur.

GERNAND.

Vous laiffez un tiran paifible dans fa rage,
De vos triftes enfans dévorer l'héritage !

TRAGEDIE.
ROSEMOND.

Veux-tu que j'entre encore aux combats inhumains
Faible, portant un glaive en mes tremblantes mains
Que je montre un vieillard épris d'une couronne,
Qui se fatigue encore à monter sur un trône ?
Et se pare aujourd'hui, fragile Souverain,
De vaines dignités qu'il faut rendre demain.
Faut-il donc pour goûter la volupté suprême
Se traîner sous la pourpre & sous un diadême ?
Écoute : à mes enfans que leur pere caché
Semble un homme ordinaire à leur sort attaché,
Que gardant mon secret avec persévérance...
Le pourrai-je endurer ce terrible silence ?
Me priver sans pitié de leurs embrassemens,
Muet, n'oser jamais les nommer mes enfans...
M'aimeront-ils du moins ? Ah ! dans leur ignorance
Peut-être ils me verront avec indifférence.
N'importe, il faut se taire ; il faut loin de leurs yeux
Écarter prudemment un secret dangereux.
Quand je ne serai plus, tu leur feras entendre
Quel fut cet inconnu si fidèle & si tendre.
Di que j'étais celui qui leur donna le jour,
Di combien j'eus de peine à cacher tant d'amour ;
Et lorsque déplorant l'infortune d'un pere,
Tu verras mes enfans enflâmés de colere,
Menacer de mes maux le criminel auteur,
Va, cours ; au nom d'un pere arrête leur fureur ;

Aux mains de mes vengeurs dérobe le coupable.
Cher ami, le barbare eſt aſſez miſérable.
Le remord dévorant ſaura bien le punir :
Il eſt des criminels qu'il faut laiſſer périr.

GERNAND.

Mais, ſongez-vous ?...

ROSEMOND.

Le ciel infléxible & ſévère,
Lui refuſa toujours le bonheur d'être pere.
Dès qu'il tombe d'un rang qu'il ne peut reſigner,
Les héritiers du trône ont ſeuls droit de regner.

GERNAND.

Monarque généreux dont la vertu me charme !

ROSEMOND.

Mais parmi tant de joie un nouveau ſoin m'allarme.
Mon fils eſt ſurmonté d'un fatal aſcendant.
Ami, d'un premier feu je crains l'emportement.
Il vient : de Zelimère il cherche la rencontre.
Sa flâme à tous les yeux ſe décéle & ſe montre.
Son œil appeſanti s'ouvre avec peine au jour.
Il meurt : il eſt vaincu par le fatal amour.

SCENE II.

ROSÉMOND, SANDOMIR, GERNAND.

ROSEMOND.

ENVAIN de vos ennuis vous cachez l'amertume,
Seigneur, j'ai deviné le mal qui vous confume,
Zelimère...

SANDOMIR.

Il eſt vrai : mon cœur fubit ſes loix.
Le jour que je la vis pour la premiere fois...

ROSEMOND.

Téméraire, arrêtez.

SANDOMIR.

Mon amour vous offenſe !

ROSEMOND.

Ah ! puis-je à vos erreurs attacher l'innocence ?
Il faut vous préparer à ne la plus revoir.
O jeune homme imprudent, quel eſt donc votre eſpoir
Voulez-vous aux Chrétiens inſtruits de vos faibleſſes
Faire voir ſans pudeur vos honteuſes tendreſſes ?
Tandis que ſous ces murs une foule de Rois,
Accourt ſe ſignaler par d'illuſtres exploits,
Vous irez, vil jouet d'une ardeur criminelle,
Vous traîner tous les jours aux pieds d'une infidèle !

SCENE III.

ROSEMOND, SANDOMIR, ZELIMERE, SELIME.

ROSEMOND. *Sandomir veut courir au-devant de Zelimère. Rosemond l'arrête.*

OU voulez-vous aller, téméraire ?

SANDOMIR.

A ses pieds.

ROSEMOND.

Si vous êtes Chrétien, fuyez, Seigneur, fuyez.

(*Sandomir paraît effrayé.*)

ZELIMERE.

D'où provient à ma vue un trouble que j'ignore ?
Sandomir.

SANDOMIR.

Zelimère !... Adieu... Je vous adore.

(*Il sort.*)

ZELIMERE.

Il m'évite ! ah ! je vois, je fais son attentat.
ourquoi cette frayeur, s'il n'est point un ingrat ?
Est-ce ainsi qu'il répond à mon impatience ?
Sans doute il me trahit, puisqu'il craint ma présence.

Voilà donc cet amour tant de fois attesté!
Il mentait : son désordre a dit la vérité.

(*A Rosemond.*)

Dangereux ennemi qui fais trop le séduire,
Quel est donc ce plaisir que tu prends à me nuire?
Je pensais que du moins les mortels odieux
Avaient leurs derniers ans pour être vertueux.

SCENE IV.

SALADIN, ROSEMOND, ZELIMERE.

ZELIMERE.

AH, mon pere, venez : un perfide m'outrage.
J'ai vû la trahison peinte sur son visage.
Il me fuit : c'est envain que tu veux m'éviter,
Je te suis ; devant toi je cours me présenter,
Mais, Seigneur, c'est à vous de venger mon injure
Pourquoi dans ce Palais retirer un parjure?
Pourquoi chérissez-vous ce vieillard dangereux?
C'est lui qui l'encourage à nous tromper tous deux.

SALADIN.

Vous ! qu'entends-je ? à ce point pourriez - vous mé-
connoître...

ROSEMOND.

Moi ! Ciel !

ZELIMERE.

Oui, croyez-moi : ce Chrétien eſt un traître.

(*Elle ſort.*)

SALADIN.

Quoi, Seigneur, vous que j'aime ; après tant de bien-
faits,
Semez-vous la diſcorde au fond de mon Palais ?
Quoi, dans l'Europe entiere & dans tout mon Empire
N'eſt-il pas un Chrétien qui ne cherche à me nuire ?

ROSEMOND.

Vous me connoiſſez mal : ah Seigneur, arrêtez :
Du moins, il eſt un cœur ſenſible à vos bontés.
Illuſtre Saladin, votre vertu me touche,
Allez : tous les Chrétiens n'ont pas un cœur farouche.
Rarement comme vous ils furent généreux.
Dans une loi plus ſainte ils ſont moins vertueux,
Mais quand l'œil allarmé veillant ſur la jeuneſſe
D'un guerrier imprudent dont le ſort m'intéreſſe,
J'enhardis ſon courage à ce fatal combat ;
Gardez-vous de penſer que je ſois un ingrat.

SCENE V.
SALADIN, UN EMIR.
L'EMIR.

SEIGNEUR, vers les remparts un Chevalier s'avance,
Il arrive, & d'un front où se peint l'arrogance
Dans les murs de Solime il veut être introduit.
Superbe, il ne dit point quel dessein le conduit.
Mais moi, d'un ton de voix qui bravait son audace,
J'ignore, si l'on veut t'accorder cette grace,
S'il te sera permis de voir nos citoyens,
Je vais le demander au vainqueur des Chrétiens.
Avec la vérité si le soupçon s'accorde,
Ce Chrétien dans nos murs vient semer la discorde.

SALADIN.

Quoi, toujours des combats? des spectacles d'horreur
Où le glaive à la main, le farouche vainqueur
Teint d'un sang malheureux, se croit couvert de
gloire!
Où le meutre de l'homme est traité de victoire!

L'EMIR.

Plaignez-vous des brigands? pourriez-vous regretter?,

SALADIN.

Ami, s'ils sont cruels, dois-je les imiter?

ARGILLAN,
L'EMIR.

Quoi, toujours pardonner! ô fatale clemence!
Vous n'ofez prononcer le nom de la vengeance!
Quand ces bourreaux armés pour nous percer le flanc
Laiffent de toutes parts des veftiges de fang,
Quand partout, égorgés au fein de leur patrie,
Le fang de vos fujets inonde la Syrie,
Vous craignez d'immoler, de frapper ces tyrans!
Vous épargnez le meurtre & la mort des brigands!
Sur votre augufte front devenu plus févère,
Mon œil ne vit jamais fe peindre la colere.
Ne puis-je, de votre ame aigriffant la douceur,
Porter toute ma haîne au fond de votre cœur?
Dans vos États fanglans témoins de tant de crimes,
On ne peut faire un pas fans fouler leurs victimes.
Près de Ptolémais, cinq mille infortunés,
Sans pitié, fans défenfe au glaive abandonnés;
Les enfans, les vieillards & les femmes timides
Tombant également fous leurs mains homicides:
Seigneur, de tant d'excès daignez être frappé;
Nul vaincu ne fe montre à leur glaive échappé.
Dieu le veut, difent-ils: nous vengeons fes injures.
Son nom fort criminel de leurs bouches impures;
Et parmi les forfaits, le carnage & l'horreur
Ils accufent le ciel d'approuver leur fureur.
Vous vîtes des vieillards accablés d'un long âge
Se traîner chancelans aux plaines du carnage:

Des

Des Miniftres de paix entourés de mourans
Courir d'un pas cruel fur les corps expirans.
Un fils dénaturé, fanatique févère,
Refufant hautement la rançon de fon pere:
Que de fois ranimés, nourris par vos bontés,
On les vit, fe jouant de la foi des traités,
Revenir contre vous, ardens, pleins de furie,
Combattre un bienfaiteur qui leur rendait la vie !
Quand la terre tremblant fur ce lugubre bord,
L'homme fe rencontrait fans fe donner la mort :
On les vit dédaignant fa fecouffe profonde,
Nous pourfuivre au milieu des ruines du monde.
De leur fang odieux ne privez plus nos mains.
Laiffez-nous égorger tous ces vils affaffins,
Qu'une étrange fureur, que l'amour de la guerre
Envoye & fait courir jufqu'au bout de la terre.
Tous vos braves foldats, pleins d'un jufte couroux
N'attendent qu'un fignal pour les immoler tous.

SALADIN.

De l'hofpitalité la Loi Sainte & Sacrée
Veut qu'ici ce Chrétien trouve une libre entrée :
Gardes, qu'on l'introduife au fein de mon Palais.
Peut-être ce guerrier vient m'annoncer la paix.

(Seul.)

Souverain Tout Puiffant, c'eft ainfi qu'on me nomme,
Hélas ! que puis-je donc pour le bonheur de l'homme ?
Efclave fur le Trône, enchaîné dans un camp,
Ma puiffance fe borne à répandre le fang.

B

Diadême des Rois, marque d'un vain Empire;
Va, je hais ton pouvoir, s'il se borne à détruire.
Si quelque heureux pouvoir en effet t'est commis,
Adoucis devant moi tous mes fiers ennemis.
De la guerre en ces lieux fais cesser les allarmes,
Contrains tous ces brigands d'abandonner leurs armes.
Va, tu fais sur mon front un mensonge orgueilleux,
Je n'ai point de pouvoir, s'il est des malheureux.

Fin du premier Acte.

ACTE II.

SCENE PREMIERE.

ROSEMOND, OSCAR.

OSCAR,

Vous, qui de Sandomir gouvernez la jeuneſſe,
Sans doute, de ſon cœur, votre illuſtre ſageſſe,
Des exemples du vice écarte le danger,
Pardonnez, Argillan prêt à m'interroger,
Brûle d'être éclairci d'un ſecret qui le touche.

ROSEMOND.

O Ciel, & l'imprudent le confie à ta bouche !
Organe du menſonge, as-tu donc mérité
Que l'on mît en tes mains l'auguſte vérité ?

OSCAR.

Téméraire vieillard, qui ſur la foi de l'âge
Hazardes devant moi ce diſcours qui m'outrage,
Va, j'excuſe un coûroux trop prompt à t'enflâmer,
Je ſais que ma préſence a droit de t'allarmer.

D'un témoin tel que moi tu crains l'aspect augufte.

ROSEMOND.

L'aspect du criminel doit bleffer l'homme jufte.

OSCAR.

Toi feul ès criminel, toi, qui conduis en paix
Un déteftable amour :

ROSEMOND ; *s'approchant de lui.*

Tu parles de forfaits ;
Si je punis un jour ceux dont tu fus complice,
Tremble que cette main ne t'envoye au fuplice.

OSCAR, *troublé.*

Toi!... mortel inconnu, plein de témérité,
Hâte toi de rentrer dans ton obfcurité,
Crains que je ne m'abaiffe à punir l'infolence.

ROSEMOND.

Tu ne peux fans pâlir foutenir ma préfence.

OSCAR.

Quel es-tu pour tenir ces difcours outrageans ?

ROSEMOND.

Ne fens-tu pas en moi l'ennemi des méchans ?

OSCAR.

Tu te laiffes tromper au deffein qui te guide.

ROSEMOND.

Tu ne peux m'échapper, je te connois, perfide.

OSCAR.

Je ne peux t'échapper ! tu m'ofes aborder
Pour venir, follement penfant m'intimider,

Prodiguer à mes yeux une vaine menace.
Je regarde en pitié ta ridicule audace,
Mais si tu me connais, oses-tu m'outrager ?
Tu sais combien mon cœur se plait à se venger.
Je jure ici ta perte : il faut que je l'obtienne.

ROSEMOND.

Ce Ciel, ce juste Ciel me répond de la tienne.

OSCAR.

Argillan m'entendra, saura la vérité.
Je peindrai Sandomir dans le crime arrêté,
Je dirai quelle main dans le piége l'attire.
Nous verrons qui de nous connaît mieux l'art de nuire.

ROSEMOND.

Je montrerai l'abîme où tu conduis ses pas,
Je lui dirai qu'un fourbe...

OSCAR.

Il ne te croira pas.

ROSEMOND.

Il croira tes forfaits : sois sûr de sa vengeance.
Tu sais que je te perds si je romps le silence.
Tu te troubles, barbare, & tu baisses les yeux.

OSCAR, à part.

Juste Ciel ! je frémis.

ROSEMOND.

Repens-toi, malheureux.
Il est pour le méchant un juge épouventable
Le suplice souvent rencontre le coupable.

S C E N E I I.

O S C A R, *seul*,

QUEL eft donc ce vieillard terrible & menaçant ?
Je vois qu'il me connait : fatal événement !
Quel œil a pénétré le voile épais & fombre
Des fortaits que ma main avait cachés dans l'ombre ?
Quoi, le crime cherchant une horrible clarté ,
S'échappe donc toujours de fon obfcurité !
Sans doute il va me perdre en me faifant connaître.
Saififfons cet inftant. Argillan va paraître.
Courons aigrir fon cœur de mille affreux foupçons.
Pour couvrir des forfaits il faut des trahifons.
Excitons la difcorde : armons-le contre un frere :
Sauvons en les perdant l'affaffin de leur mere.
Argillan me foumet fes tranfports violens ;
Souverain abfolu , je gouverne fes fens.
L'abordant dans la nuit , au milieu des ténèbres ,
Souvent je l'ai frappé par des accens funèbres ;
J'ai rempli de terreur ce crédule mortel
Invifible , dictant les volontés du Ciel,

SCENE III.

ARGILLAN, OSCAR.

ARGILLAN.

JE te falue, ô Terre en merveilles féconde,
Lieux faints, lieux révérés où le Maître du monde
Accompliffant fur nous fes étonnans deffeins,
Vint en fimple mortel changer tous nos deftins.
Demeure augufte & fainte aujourd'hui profanée !
Pleurons Jerufalem captive, abandonnée.
O Reine des Cités, aujourd'hui dans les fers,
Tes murs font défolés, tes Temples font déferts.
Des fidèles Chrétiens tu n'ès plus la patrie.
Le Jufte a difparu, la race de l'Impie
Nombreufe, fortunée, a rempli tes remparts,
Triomphe infolemment & vit de toutes parts.

OSCAR.

Saladin brave en paix la vengeance célefte.

ARGILLAN.

Infolens ennemis, peuple que je détefte,
Ton triomphe frivole eft loin d'être achevé,
L'implacable Argillan t'eft encor réfervé.
Je puis rendre ta gloire & tes conquêtes vaines,
Mon fang pour te combattre eft entré dans mes veines.

B iv

OSCAR.

D'un faint & noble efpoir tout mon cœur s'eft rempli,
Vous étes ce Guerrier que le Ciel a choifi
Pour frapper l'Infidèle & délivrer Solime,

ARGILLAN.

S'il daigne feconder le zèle qui m'anime,
S'il fe plaît aux fureurs qui nous enflâment tous,
Partout le Mufulman va tomber fous nos coups,
Nous vaincrons.

OSCAR.

Confervez ce généreux courage;
Qu'au milieu des Guerriers, victimes de fa rage,
L'Infidèle par tout, fur la terre étendu,
Venge un fang précieux par fes mains répandu.
J'ai vû cinq cents Héros enflâmés par la gloire,
A vingt mille Brigands difputer la victoire.
J'ai vû, fûrs de périr, ces braves Chevaliers
Se fuivant, s'engloutir dans des flots de Guerriers,
Maîllé furvivait feul à leur défaite entiere,
Maîllé couvert d'honneur, de fang & de poufliere,
Tel un glaîve à la main, l'Ange exterminateur
Sur un peuple profcrit frappait d'un bras vengeur
Tel j'ai vû ce Héros terrible en fa vengeance.
Luttant, feul il s'oppofe à cette foule immenfe.
Je les ai vus frappés, tombans de toutes parts,
Rouler autour de lui fur la poufliere épars,
Et fe précipitant fur leur troupe allarmée,
Son glaive étincelant bravait toute une armée,

Enfin Maîllé vainqueur , laſſé, n'en pouvant plus ,
Succombe triomphant au milieu des vaincus.
On ſe preſſe, on l'entoure , on vante ſa vaillance ,
On touche avec reſpect , on admire en ſilence
La redoutable main d'où partait le trépas ;
On le prend pour un Dieu qui préſide aux combats.

ARGILLAN.

Et moi je vis encor , Ciel témoin de mes larmes !

OSCAR.

Chacun veut hériter du débris de ſes armes.
On ſe diſpute alors ces tronçons , ces lambeaux ,
Ces reſtes révérés qu'a touchés le Héros.
On a vû des époux, contraints par la miſere ,
Vendre aux vils Sarrazins leurs enfans & la mere ,
Et d'un ſiége cruel ſoutenir les horreurs
Avec un triſte pain qu'ils arroſaient de pleurs.
Vous n'avez pas ſouffert l'inſulte & les bravades
Qu'il fallut endurer près de Tibériades.
Lieux où j'ai vû périr , & dans leur ſang plongés ,
Trente mille Guerriers par le fer égorgés !

ARGILLAN.

Ciel !

OSCAR.

Saladin armé d'un œil inéxorable,
Sur ces plaines de ſang régnait impitoyable.

ARGILLAN.

Cruel, tu ſentiras mon implacable main :
Dieu vengeur , je fais vœu de lui percer le ſein.

ARGILLAN.

OSCAR.

Peignez-vous Saladin, ce partifan du crime,
Ce fier ufurpateur triomphant dans Solime;
L'étendart des Chrétiens par leurs cris infulté,
Jouet de ces Brigands en triomphe porté.

ARGILLAN.

Quoi ! les Chrétiens fuivant ce coupable cortège,
N'ofèrent l'enlever de leur main facrilège !
On ne les vit donc point élancés au combat,
Tuer, frapper, punir cet horrible attentat ?

OSCAR.

Les Chrétiens confternés gémiffaient en filence.

ARGILLAN.

Quoi, loin de s'exciter l'un l'autre à la vengeance
Is pleuraient confternés ? Ah ! tu me fais rougir.
n lâche eft confterné quand il craint de mourir.
Où font-ils des Brigands ces Héros homicides,
Que l'afpect du trépas rendait plus intrépides ?
Je ne m'étonne plus qu'un Dieu jufte, aux malheurs
Abandonne à fon tour fes lâches défenfeurs.
Ils ont pû fupporter cet excès d'infâmie !
L'impie en fon forfait n'a point laiffé la vie !
Ah que n'étais-je ici ? Quels lieux m'ont arrêté
Quand tu fus le témoin de cette impiété ?
Moi feul j'euffe attaqué cette foule infolente.
J'euffe appellé fur eux la foudre étincelante.
Nul de ces fcélérats ne fe fût échappé.
On aurait vû par tout le Mufulman frappé,

L'Infidèle abbatu fous un Dieu qui fe venge,
Soudain s'anéantir fous une forme étrange.

OSCAR.

Sandomir vit en paix parmi ces ennemis.
Que dis-je ?.,. Sçavez-vous de quel amour épris...

ARGILLAN.

Que parles-tu d'amour ? Quel langage funeste !
Eft-il un Mufulman que fon cœur ne détefte ?

OSCAR.

Il aime Zelimère, & ce jeûne imprudent
Se pare dans ces lieux du nom de fon Amant.

ARGILLAN.

Lui ! mon Frere ! ah Barbare : ô défefpoir extrême :
Ce n'eft donc point affez que frappé d'anathême
Il offre à tous les yeux un fpectacle d'horreur,
Le perfide ajoutant le crime au deshonneur...
Qui t'a dit que traînant une coupable chaîne,
Mon Frere... Ah ce nom feul me répond de fa haîne.

OSCAR.

Un viellard inconnu corrompt fes jeunes ans ;
Au chemin des forfaits le mène en cheveux blancs.
Lui feul lui fuggéra le mépris de la gloire.

ARGILLAN.

Mon Frere ! il fe pourrait... Non je ne puis le croire,
Quoi, dis-tu, le perfide... Il oferait aimer...
Ami, que ma colere eft prompte à s'enflâmer !
Il ne peut m'éviter, je fçaurai le confondre.
Je veux l'interroger, le forcer de répondre.
S'il ofait avouer un amour plein d'horreur...
Cette effroyable idée épouvante mon cœur.

SCENE IV.

SALADIN, ARGILLAN, OSCAR, UN EMIR.

SALADIN.

LEs Chrétiens font-ils las d'enfenglanter la terre ?
Que viens-tu m'annoncer ? Parle : inftruis-moi.

ARGILLAN.

La guerre.

SALADIN.

Souhaits trop impuiffans, efpoir qui m'as trahi ,
Vous me flattiez envain , je vois....

ARGILLAN.

Ton ennemi.

Mufulmans , peuple objet d'une haine conftante ,
Je vous déclare à tous une guerre fanglante.
Saladin , cette main t'apporte des revers ,
C'eft pour toi que j'accours au bout de l'univers.

SALADIN.

Dis-moi , quel eft ton nom ? Chrétien impitoyable.

ARGILLAN.

Quoi , ne connais-tu point Argillan l'implacable ?
Que t'importe mon nom ? Tu fais mes fentimens ,
Nomme-moi l'ennemi de tous les Mufulmans.
Héros que moiffonna la main de ce barbare ,
Amis , à l'en punir Argillan fe prépare.

Il ne vous trahit point marchant fur vos tombeaux.
Je jure que ce fer n'aura point de repos
Avant qu'il ait vengé des guerriers magnanimes ,
Mon bras fur vos tombeaux va fémer les victimes.
Vous ne me verrez point lâche au champ de l'honneur;
Sentez-vous la préfence & les pas d'un vengeur ?

SALADIN.

Ainfi donc des troupeaux de monftres fanguinaires
Avec toi de l'Europe ont franchi les barrieres
Pour venir replonger dans l'horreur des combats
Lé paifible habitant de ces triftes climats.
Tu viens rompre la tréve aux Chrétiens accordée,
Et refufant la paix qu'ils m'avaient demandée...

ARGILLAN.

Ils demandent la paix , & Solime eft aux fers !
Non : pour la délivrer , j'ai franchi les deferts.
Di : quel eft ton efpoir , & qu'ofes tu prétendre ?
Veux-tu long-tems encor refufer de la rendre ?

SALADIN.

Le vaincu , d'un triomphe oubliant tous les droits ,
Jamais à fon vainqueur impofa-t-il des loix ?

ARGILLAN.

Tu t'enorgueillis bien d'un frivole avantage
Que tu dois au hafard bien plus qu'à ton courage.
Tu te nommes vainqueur ; ce nom t'eft-il permis ?
Attends : tu le prendras quand tu m'auras foumis.
Mais je dois t'avertir que je fuis loin de l'être.
Tandis que de ces lieux ton orgueil te croit maître ;

L'étendart est déja déployé dans les airs.
D'innombrables guerriers les chemins sont couverts.
Pour punir tes forfaits , l'europe est sous les armes ,
Le mari se dérobe à son épouse en larmes ,
La mere pleure un fils échappé de ses bras ,
Le fils arme son pere & l'entraîne aux combats.
De leurs trônes par-tout les Souverains descendent.
Hors d'europe à grand bruit tous ces flots se répandent.
Par-tout le fer s'apprête à changer ton destin ,
On rencontre par-tout l'homme un glaive à la main.
On a vu des enfans déja pleins de courage ,
Essayer de combattre & de vaincre leur âge ,
S'attrouper dans nos champs, s'armer de boucliers ;
Ceindre à l'envi le glaive, & marcher en guerriers.
Sais-tu bien qu'on a vu ces soldats dans l'enfance
Pénétrer des États la profondeur immense,
Diriger contre toi leurs pas faibles & lents ,
Et montrer aux deserts de frêles combattans.

SALADIN.

Quoi, des enfans armés ! quel excès de démence !

ARGILLAN.

Et tu crois des Chrétiens éviter la vengeance.
Tu te troubles, barbare, & je lis tes frayeurs.

SALADIN.

Malheureux , ah ! je plains tes étranges fureurs.
Je crains peu tes Chrétiens & leur foule terrible ;
Je les braverai tous d'un front calme & paisible.

Non, jamais devant eux tu ne me verras fuir ;
Va, Saladin eſt homme ; il apprît à mourir.
Mais d'un plus juſte effroi je ne puis me défendre,
Et je pleure le ſang que mes mains vont répandre.
Écoute & pèſe encor tes funeſtes deſſeins.
Il eſt des impoſteurs qui trompent les humains.
Je ſais que tes fureurs ne ſont point ton ouvrage.
Je ſais qu'on t'inſpira tous ces tranſports de rage.
Cruel, ſi tu voulais ... mais ton œil irrité,
Preſſent que je te veux parler d'humanité.
Eh bien, cours au tombeau que ton culte révere ;
Demande ; eſt-il permis d'aſſaſſiner mon frere ?
Mais pour déſaprouver une horrible fureur,
Ne ſuffirait-il pas de conſulter ton cœur ?

ARGILLAN.

C'eſt de l'avis des cieux que je ſers leur vengeance.
Si ce tombeau terrible interrompt ſon ſilence,
Je prévois ſa réponſe, & mon cœur eſt certain
Qu'il va me commander de te percer le ſein.

L'EMIR.

O toi, dont je ne puis endurer la menace,
Ah ! s'il m'était permis d'abaiſſer ton audace,
Va, cette main ſaurait t'apprendre à reſpecter
Le ſublime vainqueur que tu viens inſulter.
Illuſtre Saladin, votre auguſte clémence
De ces vils ennemis enhardit l'inſolence.
Je demande à vos pieds l'honneur de vous venger ;
De punir un Chrétien qui vous oſe outrager.

SALADIN.

Je ne puis approuver le courroux qui t'anime.
Ce tranfport, il eft vrai, peut être légitime,
Mais apprends à te vaincre, & retiens qu'un foldat
Ne doit verfer de fang qu'en un jour de combat.
Toi, renonce aux perils d'une guerre inutile.
Mon palais cette nuit te préfente un afile.
Adieu : daigne adoucir tes tranfports furieux,
L'homme feroit en paix, s'il était vertueux.

(L'Emir & Argillan fe regardent avec indignation.)

SCENE V.

ZELIMERE, ARGILLAN.

ZELIMERE.

VOus êtes donc celui de qui la voix févere
Redemande un mortel que l'on dit votre frere.
On dit que l'arrachant du fein de ce palais,
Vous venez de ces lieux l'enlever pour jamais.

ARGILLAN.

Tel eft, n'en doutez point, le deffein qui me guide.

ZELIMERE.

Eh bien, que tardez-vous d'emmener un perfide.
Je ne demande point s'il confent de partir,
L'ingrat eft toujours prêt quand il faut me trahir.

ARGILLAN.

ARGILLAN.

Qu'entends-je ? Un tel discours & m'étonne, & m'of-
fense ;
Et je rends grace au ciel de son indifference.
Son cœur doit vous haïr , & loin de l'en blâmer ;
Je saurais le punir s'il osait vous aimer. (Il sort.)

ZELIMERE.

Va, cruel, sois content, le perfide m'abhorre.

_____

SCENE VI.

ZELIMERE, SANDOMIR.

SANDOMIR, au fond du Théâtre.

JE la vois : Dieu ! fuyons s'il en est tems encore.

ZELIMERE.

Quel trouble à son aspect vient soudain m'agiter ?
Di-moi : jusques à quand prétends-tu m'éviter ?
Tu ne peux m'échapper ; il s'agit de répondre :
Tu te tais ? Qu'un perfide est facile à confondre !

SANDOMIR.

Prenez pour m'écouter un visage plus doux ;
Loin de me regarder d'un œil plein de couroux ,
Plaignez-moi ces sanglots que vous devez comprendre,
Ce désespoir , ces pleurs que vous voyez répandre,
Madame , tout vous dit que le sort rigoureux
Loin de vous , pour jamais entraîne un malheureux.

C

Eh., comment endurer cet horrible supplice ?

ZELIMERE.

Te voilà donc enfin convaincu d'artifice.
Je te reconnais bien à ce lâche discours.
Tu sais l'art d'inventer mille odieux détours ;
Mais ils sont découverts : tu ne m'as point trahie,
Ingrat, je m'attendais à cette perfidie.
Je ne crois point ton front où tu feins la douleur ;
Va, je sais que la joie est au fond de ton cœur.
Penses-tu que ta fuite & m'afflige & m'allarme ?
Je te verrai partir sans répandre une larme.
Que dis-je ? Je m'empresse à renoncer à toi ;
Il me tarde déja que tu sois loin de moi.

SANDOMIR.

Je n'en doutai jamais, Madame, je le pense ;
Vous me vîtes toujours avec indifference.
Cruelle, il est donc vrai que vous trompiez mes vœux ;
J'étais loin de m'attendre à de pareils adieux.

ZELIMERE.

Ah ! perfide Chrétien, tu fais trop le contraire.
Mais, lâche, réponds-moi ; pourquoi veux-tu me plaire ?
Quels droits as-tu sur moi ? Quand tu pars sans retour
Que t'importe en effet ma haine ou mon amour ?
As-tu besoin d'un cœur dont tu fuis la tendresse ?
Tu cherches le plaisir d'outrager ta maitresse.

SANDOMIR.

Je ne puis supporter ces indignes soupçons.

ZELIMERE.

Ne veut-il pas encore au sein des trahisons

D'un amant vertueux conferver l'apparence ?
Di : ne voudrais-tu pas me vanter ta conftance ?
Celle que tu trahis ne pourra te blâmer.
Non, tu n'es point un traître, & tu fais bien aimer.
Si tu l'ofes encor, que ta voix me démente :
Le perfide eft celui qui trahit fon amante,
Qui pour tromper nos vœux, dans un cœur imprudent
Porte les feux d'amour & s'enfuit à l'inftant.
Tu te plains du couroux dont mon ame eft émue ;
Je n'en dis pas affez, je fuis trop retenue,
Traître, qui romps ainfi les fermens que tu fais ;
Lâche, qui feins l'amour, & qui n'aimas jamais.

SANDOMIR.

Ah ! je vous convaincrai que mon cœur vous adore.
On connaît cet amour dont vous doutez encore.
J'étais mal préparé contre tant de douleur.
Ah ! ce bras eft tenté de me percer le cœur.
Cruelle, d'un feul coup terminant mon fupplice
Ce fer pourrait fur moi punir votre injuftice.
Si vous m'aimez, Madame, ah! tremblez pour mes jours,
Et je vous avertis du peril que je cours.

ZELIMERE.

Pardonne, cher amant, mon injuftice extrême.
Le reproche eft permis quand on perd ce qu'on aime.
Rejette les confeils qu'on ofe te donner ;
Si tu m'aimes, cruel, peux-tu m'abandonner ?

SANDOMIR.

Qui ? Moi ? Dieu ! quelques foient les confeils qu'on
me donne, C ij

Madame, il n'eſt pas ſûr que je vous abandonne.

ZELIMERE.

Promets-moi de ne point ſéparer nos deſtins ;
Donne-moi pour garants les ſerments les plus ſaints.

SANDOMIR.

O vous qui connaiſſez l'excès de mes faibleſſes ,
Vous n'avez pas beſoin de mes vaines promeſſes ;
Je me ſens arrêté par un charme vainqueur.
Que d'empire le ciel vous donna ſur mon cœur !
Moi fuir ! moi délaiſſer l'amante la plus tendre !
Nul mortel juſqu'ici n'a droit de le prétendre.
J'ai promis, il eſt vrai, de fuir avec mes fers
Et d'emporter ma chaîne au bout de l'univers ;
Mais que je ſavais peu ce que j'oſais promettre !
Votre eſclave en vos mains vient déja ſe remettre.
Mes ſens à vous braver ſe ſont tous eſſayés ,
Mais l'amour me ſurmonte & me jette à vos pieds.
Que mon frere à mes yeux maintenant ſe préſente ,
Je veux en ſa préſence avouer mon amante.
Ah ! puiſſai-je le voir s'attendrir à ſon tour.
Quel cœur en vous voyant ne pardonne l'amour ?

ZELIMERE.

Helas ! je ſors d'un ſang que ton frere déteſte.
Cher amant, que je crains cet entretien funeſte !
Ah ! Dieu ! ſi le cruel s'oppoſait à nos feux.

SANDOMIR.

N'importe, je vous aime... il s'agit d'être heureux.

Fin du ſecond Acte.

ACTE III.

Le Théâtre représente une nuit. Argillan dor-
mant paraît agité d'un rêve affreux. Il court
égaré. Oscar paraît ensuite.

SCENE PREMIERE.

ARGILLAN, OSCAR.

ARGILLAN.

MAHOMET!...quoi le traitre aux pieds de son idole!
Leve-toi, téméraire, ou cette main t'immole,
Mais quel autre appareil impie & criminel?
Il épouse à mes yeux... Courons, vengeons le Ciel.
Meurs, traitre...Son sang coule... En quels lieux égaré..
(*Il donne un coup dans l'air. Il s'éveille aussitôt & jettant*
avec effroi son épée il tombe dans un fauteuil.)

OSCAR.

Ah! Seigneur, sur vos pas vos cris m'ont attiré.
Quel trouble vous a fait devancer la lumiere?

ARGILLAN, *regardant Oscar d'un œil effrayé*
Ce glaive n'est-il point teint du sang de mon frere?
Examine mes mains, m'éveillai-je innocent?

C iij

Ne vois-tu point sur moi des vestiges de sang?
Ami, tu ne sais pas quelle était ma victime?

OSCAR.

Votre frere. Le Ciel m'a revelé son crime.
Lui refuserez-vous ce qu'il a demandé?

ARGILLAN.

Cruel, vous ignorez ce qu'il m'a commandé.

OSCAR.

De punir, d'immoler l'ennemi qui l'outrage.

ARGILLAN.

Le Ciel t'a donc aussi tenu même langage!

OSCAR.

Il murmure, il se plaint que vous l'abandonnez;
Sa voix s'est fait entendre à mes sens étonnés,
Et faisant éclater sa terrible colere,
Parmi ses ennemis a nommé votre frere,

ARGILLAN.

Toujours dans tes récits j'ai lû la vérité.
Tel est l'avis des Cieux en secret apporté,
Je n'étais plus frappé par les accens funèbres,
De l'effrayante voix parlant dans les ténèbres;
Déja du doux sommeil les précieux bienfaits
A mes sens agités avaient rendu la paix;
Soudain un songe affreux m'a rempli d'épouvante,
J'ai vû de Sarrasins une troupe insolente;
Mon frere, le crois-tu, mon frere au milieu d'eux
Triomphant, s'avançait d'un œil audacieux,

Je l'ai vû, juste Ciel ! je crois le voir encore
Encensant à mes yeux l'imposteur que j'abhorre.
D'une vile idolâtre on l'a nommé l'époux.
Furieux, je m'élance & les disperse tous.
Comme je les frappais, ardent, plein de colere,
Ami, le fer aveugle a rencontré mon frere.
Ce spectacle d'horreur me poursuit devant toi :
Tout le sang de mon frere a rejailli sur moi.
En quels maux le sommeil nous entraîne & nous plonge!
Mon cœur n'a point de part à cet horrible songe.
Va, cours : qu'en ce lieu même, où j'ai cru cette nuit...
Je perde en l'embrassant l'horreur qui me poursuit.
J'ai besoin de le voir, son heureuse présence
Rendra seule à mon cœur la paix & l'innocence.

OSCAR.

Arrêtez : frémissez d'un funeste dessein
Que l'Ange des Enfers a mis dans votre sein.
Ah Dieu ! d'un criminel redoutez les approches.
Irez-vous à ce traitre épargnant les reproches,
Rendre le Ciel témoin d'un coupable transport ?
Caresser un mortel qui mérite la mort ?

ARGILLAN.

Vous me faites frémir ; la nature peut-être...

OSCAR.

La nature vous trompe en parlant pour un traître.

ARGILLAN.

Ce songe...

C ij

OSCAR.

Doutez-vous de ses avis heureux ?

ARGILLAN.

Je crois aveuglément tout ce qui part des cieux.

OSCAR.

Vous avez entendu cette voix redoutable ;
Puisqu'il est accusé, sans doute il est coupable.
Pour le crime Argillan n'a-t-il plus de Couroux ?
Le Ciel avait raison de se plaindre de vous.

ARGILLAN.

Eh bien, qu'ordonnes-tu ? guide ma main tremblante.
Laissez-moi fuir, cruel, la vertu m'épouvante.

OSCAR.

Eh quoi, lorsque le Ciel prend soin de désigner...
A-t-il des ennemis que l'on doive épargner ?
Fuyez, laissez un traitre épouser Zelimère.

ARGILLAN.

Juste Ciel ! Mahomet est le Dieu de son pere !
Toi qui d'un tel Hymen oses m'entretenir,
Oserais-tu penser que je puis le souffrir ?
J'ignore à quels excès peut s'emporter mon zele.
Ah grand Dieu ! lui ! mon frere, époux d'une infidèle !
Si le traitre s'obstine à vouloir t'outrager,
Qu'il tremble, dans ces lieux je viens pour te venger.
Va, cours, & s'il est vrai qu'il se laisse séduire
Assûre toi du crime & reviens m'en instruire.

SCENE II.
ROSEMOND, ARGILLAN.

ROSEMOND, *troublé*.

VOTRE aspect, vos malheurs ont droit de m'at
    tendrir,
Seigneur, contre un méchant je viens vous secourir.

ARGILLAN.

Est-il donc des méchans ? quelle lâche furie
Pourrait percer un cœur, hélas ! qu'on lui confie ?
D'un crédule mortel qui pourrait se jouer ?

ROSEMOND.

Il en est, ah je suis contraint de l'avouer ;
Qui s'exercent dans l'art d'égarer l'innocence :
Vous en ferez bien-tôt la triste expérience.
O jeune homme imprudent, croyez-vous vertueux
Cet horrible mortel qui vous suit en tous lieux ?
Lui qui vous a volé votre auguste naissance,
Lui qui de la révolte embrassant la défense...

ARGILLAN.

Qu'entends-je ? apprenez-moi ce secret odieux.
Daignez ne point tromper un mortel malheureux.
Qui, lui ! quoi cet Oscar qu'honorait mon estime !
Je ne m'étonne plus si pour cacher son crime

Le traitre loin de moi voulait vous écarter.
Cet Oscar me trompait & je n'en puis douter.
Ah de nos entretiens il fuyait la lumiere.
C'était pour mieux encore exciter ma colere
Que le fourbe accusant vos secrets sentimens
M'a dit que vous étiez l'ami des Musulmans.
Je m'indigne, Seigneur, du nom dont il vous nomme
Sans doute...

ROSEMOND.
Ecoutez-moi : je suis ami de l'homme.

ARGILLAN.
Que dites-vous, ô Ciel! du moins vous haissez...

ROSEMOND.
Je ne sais point haïr. Et quoi, vous frémissez!
Mon âge acquît le droit de s'expliquer sans feindre :
Je ne hais point, Seigneur, le mortel qu'il faut plaindre,

ARGILLAN.
Oscar, je le vois bien, fut loin de me trahir.

ROSEMOND.
Répondez-moi, cruel, eh pourquoi se haïr?
Pourquoi de votre cœur bannir la bienfaisance?
Quoi toujours des fureurs & jamais de clémence!
J'ai vû dans cette enceinte, à l'ombre des autels
Le fer au nom d'un Dieu poursuivant les mortels.
Les Chrétiens l'encensaient au milieu du carnage
Se croyant vertueux par des transports de rage,
Lui rendaient un hommage effroyable & nouveau,
Se pressaient tout sanglans autour de son tombeau.

TRAGÉDIE.

Dieu bienfaifant, Dieu bon, vengeur de tant de crimes,
Demandas-tu jamais de femblables victimes?

ARGILLAN.

Ofez-vous me tenir ce langage pervers?
Triomphe, Mahomet, dans le fond des Enfers;
On ofe devant moi foutenir ta défenfe,
O Ciel! & c'eſt à moi qu'on parle de clémence!
Il faudra donc fouffrir que ce fourbe en ce lieu
Ufurpe infolemment l'héritage d'un Dieu.
Je n'oferai punir fon rival facrilége,
Votre perfide main m'attendait à ce piége.
Les décrets font lancés: loin de fe révolter
Le glaive fe foumet à les exécuter.
Vous qui me défendez d'enfenglanter la terre,
Les déferts ombragés des drapeaux de la guerre
Sont peuplés de foldats prêts à vous accufer;
L'Europe eſt en chemin pour vous défabufer.

ROSEMOND.

Farouche adorateur du Dieu de la clémence,
On dirait que ton maître ordonne la vengeance.
Redoute ces tranfports qui viennent t'enflâmer.
Quoi, tu hais, & ton Dieu te commande d'aimer!
O religion Sainte! ô morale fublime!
Tu n'inſtruifais pas l'homme à commettre le crime.
Si tu hais Mahomet, renverfe fes autels,
Détruis fon culte impur, mais pardonne aux mortels.
Quelle eſt donc ta fureur? écoute-moi, barbare,
Faut-il affaffiner ce mortel qui s'égare?

Ton Dieu défend le fer, il venait l'abolir;
Ah cruel, fi ta main ofe encor s'en fervir,
Apprends à pardonner pour illuftrer ta gloire;
Sache arrêter le fang des mains de la victoire.
Les Chrétiens de carnage & de meurtre enivrés
Devant tout l'Univers fe font deshonorés.
C'était aux cruautés d'annoncer le menfonge.
Dans le fang des humains la vérité fe plonge!
Vous fémez devant vous l'épouvante & l'horreur!
Quel moyen fuivrait-on pour annoncer l'erreur?

SCENE III.

ROSEMOND, ARGILLAN, OSCAR.

OSCAR.

SEIGNEUR, de ce vieillard craignez les perfidies;
Mais fur tout redoutez fes noires calomnies.
De foupçons dans votre âme il prétend me noircir;
Je fçai que près de vous il vient pour vous trahir.
De fes lâches détours vous avez tout à craindre,
Il eft fçavant dans l'art de tromper & de feindre.
Il vient vous obferver, & fortant de vos mains,
Il court aux Mufulmans divulguer vos deffeins.
Voilà votre ennemi, c'eft lui qui met fa gloire...

ROSEMOND.

Fourbe, tu ments : je fuis... Gardez-vous de le croire.

A ce vil impofteur pouvez-vous pardonner
Le nom que devant vous il ofe me donner ?
Toi, crains qu'en ce péril où le crime t'expofe,
La foudre en éclattant contre-toi ne dépofe.
Parlez : qui de nous deux vous femble un impofteur ?
Avant de prononcer confultez votre cœur.
Que te fert d'ufurper le front de l'innocence ?
Fais-lui de tes forfaits l'horrible confidence.
Tu te tais : jufte Ciel, témoin de tant d'horreurs,
Contrains ce fcélérat d'avouer fes fureurs.
Que je hais un méchant ! toi que le Ciel m'envoye,
Criminel, qui du jufte enfin deviens la proye,
Renonce à tes deffeins, prompt à le fecourir
Pour deffendre fes jours tu me verras périr.

SCENE IV.
ARGILLAN, OSCAR.
ARGILLAN.

QUEL eft donc ce mortel fi rempli de tendreffe ?
Serait-il vrai, grand Dieu ! qu'on féduit ma jeuneffe ?
Ne me trompez-vous point ?

OSCAR.

Seigneur avec raifon
Je me fens offenfé d'un femblable foupçon.

Je dois en convenir, j'étais loin de m'attendre
Qu'un jour d'un tel affront je dusse me deffendre.
Quand des plus Saints devoirs j'enseigne ici les loix,
A peine un inconnu vient élever la voix,
Vient de lâches discours outrager l'innocence,
Votre cœur soupçonneux conçoit la défiance.
J'ai lieu d'être étonné d'un semblable retour.

ARGILLAN.

C'était pour me tromper qu'il feignait tant d'amour !

OSCAR.

C'est un fourbe, vous dis-je, & le Ciel qui m'éclaire...

AGILLAN.

Je le pense à regret, je l'aurais cru sincère.
Je voyais sur son front une noble candeur
La persuasion se glissait dans mon cœur,
Et malgré les discours que tu me fais entendre ,
D'un penchant inconnu j'ai peine à me deffendre.
Ainsi l'homme toujours trop prompt à se livrer
S'abandonne à la main qui cherche à l'égarer.
Des desseins des mortels toi seul peux nous instruire,
Grand Dieu! fais nous haïr qui cherche à nous séduire.

SCENE V.

ARGILLAN, SANDOMIR, OSCAR.

SANDOMIR, *avec empreſſement.*

Mon frere, permettez...

ARGILLAN.

Arrêtez, imprudent,
Pour oſer m'aborder êtes-vous innocent ?

SANDOMIR.

De quel crime à vos yeux a-t-on noirci ma vie ?

ARGILLAN.

On dit que recherchant la fille de l'impie
Un amour plein d'horreur... Mais je ne puis penſer
Qu'à cet excès de honte on ait pû vous forcer.
Impoſez donc ſilence à ce bruit téméraire :
Ne connaiſſez-vous point la langue du vulgaire ?
Ignorez-vous qu'enfin ſes diſcours emportés
Ont attaché l'opprobre au nom que vous portez ?
Qu'un nom que ma valeur fit connaître à l'hiſtoire
Va ramper déſormais dépouillé de ſa gloire.
Montrez-vous aux Chrétiens, venez leur préſenter
Un front libre des ſoins qu'on vous oſe imputer.

SANDOMIR.

Seigneur, il faut parler : il n'eſt plus tems de feindre,
Mon cœur impatient eſt las de ſe contraindre,

'aime.

ARGILLAN.

Quoi, vous aimez !...

SANDOMIR.

Je l'adore, Seigneur,

ARGILLAN.

Le voilà donc rempli ce songe plein d'horreur !

SANDOMIR.

ong-tems dans les combats je courus insensible,
Atteint, en la voyant, d'un regard invincible,
e tombai son esclave, entre ses jeunes mains,
remblant à ses genoux j'attachai mes destins ;
e chagrins tout nouveaux j'éprouvai l'amertume ;
Et je mis mon bonheur au mal qui me consume,

ARGILLAN.

Toi, qui viens devant moi par de lâches discours
Publier sans respect tes infâmes amours,
Sans rougeur sur le front, & sans effroi dans l'âme ;
Tu me fais confident de ton horrible flâme,
Lâche ; si le trépas peut seul te secourir...

SANDOMIR.

Et sur quoi juges-tu que j'ai peur de mourir ?
Crois moi ; si Zelimère à mes vœux est ravie,
Je n'ai pas le dessein de supporter la vie.
Frappe, donne la mort à qui l'ose implorer ;
De combien de chagrins tu me vas délivrer !

ARGILLAN.

Fatal aveuglement que je ne puis comprendre !

Tout

Tout souillé de forfaits tu voudrais entreprendre
Cette vie étonnante & ce jour si nouveau
Que tout mortel rencontre en la nuit du tombeau;
Et le juste frappé d'une terreur mortelle
N'ose entrer sans pâlir dans la nuit éternelle!
Redoute un Dieu vengeur, maître de ton destin,
Crains de tomber vivant en sa terrible main.
Ce n'est plus ce mortel obscur en sa naissance,
Qui le pauvre imitant se plut dans l'indigence,
Egal des malheureux, sans rang, sans dignité,
Et vécut merveilleux dans son obscurité!
C'est le Dieu créateur, le juge de la terre,
Mortels, je vous l'annonce armé de son tonnerre:
Frémissez, imprudens, qui l'osez outrager.
O combien des pécheurs il aime à se venger,
Quand sa main redoutable apprêtant leur supplice,
Il commande aux Enfers de lui faire justice!
L'espoir à ce signal fuit loin des malheureux:
Il n'est plus de trépas, ni de tombeau pour eux,
Une effroyable vie aux criminels s'attache,
Tourmentés sans espoir & vivant sans relâche.
Terrible au haut des Cieux un vengeur immortel
Soutient avec des maux leur supplice éternel.

SANDOMIR.

Je frissonne : ô mortel, ô faible créature!
Mais je vois Zelimère; ah mon cœur se rassure.

SCENE VI.

ARGILLAN, SANDOMIR, ZELIMERE.

ZELIMERE.

SEIGNEUR, vous me voyez tremblante devant vous.
Je viens défavouer un injuste couroux.
Hélas ! qu'en vous portant des vœux pleins d'impru-
      dence
La bouche avec le cœur fut mal d'intelligence !
Quelle était mon erreur ! que ces vœux insensés
En s'adressant à vous tremblaient d'être exaucés !

ARGILLAN.

Quoi j'entends ces discours & je suis immobile !
Mahomet à leurs vœux me rendrait-il docile ?
Je suis épouvanté de mon peu de fureur.
O toi, profane objet, qui m'inspires l'horreur,
De la part des Enfers tu viens pour me séduire,
Mais apprends que sur moi tu n'as aucun Empire.
Non, tu n'obtiendras point cet objet odieux,
Traître, & tu peux déja lui faire tes adieux.

ZELIMERE, *se rengeant près de Sandomir.*

Mes bras vont l'enchaîner : quoique tu puisses faire,
Secondés par l'amour & bravant ta colere,
Ces bras, ces faibles bras sauront le retenir.

ARGILLAN.

O Ciel ! je vois le crime & n'ose le punir !

SCENE VII.

SANDOMIR, ZELIMERE.

SANDOMIR.

Avec quel œil farouche il a vû tant de charmes !
Le barbare prétend , loin d'essuyer nos larmes,
Que la foudre sur nous est prête à s'allumer.

ZELIMERE.

Faut-il croire un brigand qui nous défend d'aimer ?

SANDOMIR.

Quel peut être en effet ce crime impardonnable ?
Hélas ! en vous aimant suis-je donc si coupable ?
Non, c'est trop m'allarmer , & je veux que l'Hymen...
Je ne redoute plus un si charmant lien.

ZELIMERE.

Mon pere nous attend, allons lui faire entendre
Lui confirmer l'aveu de l'amour le plus tendre.

(Elle sort.)

D ij

S C E N E   V I I I.
SANDOMIR, *seul.*

To dont le nom toujours fe mêle à nos malheurs,
Toi, qu'ici bas fans cefle implorent nos douleurs,
Je mets à tes genoux un mortel miférable.
Serais-je menacé de devenir coupable ?
O mon Dieu, défends-tu qu'on ofe l'adorer ?
Me voilà feul, commande & daigne m'éclairer.

S C E N E   I X.
ARGILLAN, SANDOMIR;
ZELIMERE, OSCAR.

OSCAR, *ramene Argillan fur le Théâtre.*

Il faut un châtiment, s'il ofe être indocile.

ARGILLAN.

Sui-moi, fui fur le champ de ce coupable azile.

ZELIMERE, *arrivant avec précipitation.*

Venez, Seigneur, venez, mon pere vous attend,
Ses regards empreffés demandent mon amant.

ARGILLAN.

Ah ! ceffez de tenter fes lâches complaifances,
Retirez-vous ; fui-moi : quoi, traitre, tu balances !

ZELIMERE.

Il ne te fuivra point, ceffe de t'en flatter.
Les larmes d'une amante ont droit de l'arrêter.

ARGILLAN.

O crime ! il délibere ! eh bien, parle, prononce :
Di : ton choix eft-il fait ?

SANDOMIR.

       Faut-il que je renonce ?...
Ecoute : je te fuis : ô funefte devoir !

ZELIMERE.

Arrête, ingrat, arrête, ou crains mon défefpoir.

SANDOMIR.

Quel pouvoir me furmonte & m'entraîne vers elle ?
Je voudrais... Je ne puis... Vous l'emportez, cruelle

ARGILLAN.

Il fort : à fon paffage il fallait m'oppofer.
Il fallait le punir. Ah bien loin de l'ofer,
A l'afpect du pécheur je demeure paifible !
Je n'ai plus de vertu, je deviens infenfible.
Peut-être qu'à mon tour je me rends criminel :
Suivez mes pas ; allons confulter l'Eternel.

Fin du troifieme Acte.

Di

ACTE IV.

SCENE PREMIERE.

ARGILLAN, SOLDATS de la Suite d'Argillan.

ARGILLAN, à ses Soldats.

Vous avez vû ces lieux si féconds en miracles ;
Ce Temple augufte & faint, qu'ont chanté tant
    d'Oracles.
Quel refpect faifit l'âme en ce terrible lieu !
Amis, comme on y fent la préfence d'un Dieu !
La tombe où repofa le fouverain du monde
Le fentit refpirant dans fa prifon profonde.
Ce n'était plus un homme. O prodige nouveau !
Il fe transforme en Dieu dans le fond du tombeau.
Et fauvant des mortels la race condamnée,
S'échappe triomphant de la tombe étonnée,
Soudain vers l'immortel les Gardes affoupis
Levant émerveillés leurs fronts appéfantis,
L'ont vû, fur les Enfers remportant la victoire,
Qui traverfait les airs tout rayonnant de gloire,
Et couverts d'un éclat qui réjaillit fur eux,
Leurs regards étonnés le fuivaient dans les Cieux.

'Amis, vous avez vû ce champ que je déteste,
Où traînant l'instrument d'un suplice funeste,
Il approcha du lieu fatal, infortuné,
Suivi des criminels qui l'avaient condamné.
L'univers fut contraint de permettre un tel crime,
Et la mort le saisit admirant sa victime.
Lorsque baissant la tête au coup qui le perça,
Poussant un long soupir, l'Immortel expira ;
L'Univers ressentit ce coup épouvantable,
La Terre s'ébranlait sous les pas du coupable,
Le Soleil se dérobe à l'homme épouvanté,
La Nuit, du voile affreux de son obscurité
Courut envelopper ce coupable hémisphère,
Le Juif désespéra de revoir la lumiere.

UN SOLDAT.

Quand pourrai-je, immolé près de son saint tombeau,
Payer de tout mon sang un trépas aussi beau ?

UN SECOND SOLDAT.

Nous allons triompher de l'Enfer en furie.

LE PREMIER SOLDAT.

Notre plus beau triomphe est de perdre la vie.

ARGILLAN.

Amis, le Ciel approuve un généreux transport :
Il promet...

LE PREMIER SOLDAT.

Ah du moins il me promet la mort.

ARGILLAN.

Ne perdons point de tems ; bientôt la trêve expire
Attaquons Mahomet, détruisons son Empire.

D iv

Embrâfons ce Palais, renverfons ces remparts,
Portez, donnez, lancez la mort de toutes parts,
Des fidèles Chrétiens Solime eft le partage,
Rentrons, le fer en main, dans un faint héritage.
L'ennemi devant nous fera contraint de fuir :
Ils combattent pour vaincre, un Chrétien pour
     mourir.

SCENE II.
SALADIN, ARGILLAN,
ARGILLAN,

Rends-nous Jerufalem, fors de la Cité fainte ;
Purge de ton afpect fa redoutable enceinte,
Ofes-tu foutenir avec fécurité,
L'approche de ce lieu terrible & redouté ?
La foudre s'échappant du fond du fanctuaire ,
Peut frapper tout-à-coup un mortel téméraire.
Le Ciel à chaque pas peut décider ton fort ;
L'afpect du tombeau faint peut te donner la mort.
Ainfi dans Ifrael cette arche menaçante
Opprimait autrefois une race infolente :
Tout profane, à l'afpect de ce lieu foudroyant,
Tout-à-coup renverfé tombait pâle & mourant.
SALADIN,
Le nom de la vengeance eft encore à ta bouche.
Eh quoi, de ce tombeau tu reviens plus farouche !

Eh bien , commande-t-il à tes cruelles mains
De l'arrofer du fang des malheureux humains ?

ARGILLAN.

Le Ciel pour te punir te déclare la guerre,

SALADIN.

Avec ce nom facré tu dépeuples la terre !
Le fer fur la penfée a donc auffi des droits,

ARGILLAN.

La penfée eft efclave & foumife à des Loix,
Mille Oracles divins ont annoncé fa route,
Ont commandé de croire , ont interdit le doute,
Il fut un tems où l'homme égarant fa raifon,
Livrait à mille erreurs fa folle opinion ;
Prodiguait à genoux un imbécile homage
'A des Dieux infenfés qu'il fit à fon image ;
Mais cette foule impie a perdu fes autels
'A l'afpect de celui qui créa les mortels.
Il parut : tout-à-coup ces Dieux illégitimes
Fuyaient , fe renverfaient , rentraient dans leurs
        abîmes.
Celui que je t'annonce étonna les humains
Des prodiges fans nombre échappés de fes mains,
Le monde en le voyant admira fa puiffance.
Répondez : pouviez-vous foutenir fa préfence,
Efprits qu'il tourmenta , Spectres qu'il a chaffés ?
Il fe promène en paix fur les flots courqucés,
A peine un doigt divin a touché fa paupiere ,
Voi l'aveugle étonné recevant la lumiere.

Voi l'infirme en fanté courant, exemt de maux,
La vie entre au cercueil, la mort fuit des tombeaux.
Ecoute le muet effayant la parole.
Ce Dieu reffemble-t-il à ta coupable Idole?
Mahomet eft un traître, un fourbe audacieux :
Il ment s'il s'eft vanté qu'il montait dans les Cieux.
L'orgueilleux defcendit dans fon vil héritage ;
Son Ciel eft le tombeau, la mort fut fon partage.
C'eft envain que tu veux que mon bras criminel
Tolère un facrilége & lui laiffe un autel.
L'autel & Mahomet feront reduits en cendre.
L'impofteur n'aura pas la gloire d'en defcendre ;
Va, j'irai le faifir d'un bras plein de fureur
Et le chaffer du pofte où l'encenfe l'erreur,
Et bientôt le montrant traîné fur la pouffiere,
Je veux à l'Univers révéler fa mifere.
Même fort vous attend dans votre iniquité,
Complices infolens de fon impiété.
Je vais des châtimens d'une race coupable
Donner à l'Univers l'exemple épouvantable ;
Et pour être en ce jour affûré de périr,
Il fuffira d'être homme & de pouvoir mourir.

SALADIN.

Ecoute :

ARGILLAN *va pour fortir.*

Non : des Cieux je cours venger l'injure.

SALADIN

Barbare, je t'arrête au nom de la Nature.

Veux-tu fermer ton cœur à fa fublime Loi ?
Il faut que tes fureurs s'appaifent devant moi.
Ami, paffons en paix cet inftant fi rapide.
Interdifons la guerre & le glaive homicide.
Que ce vil inftrument qui fert notre fureur,
Profcrit & rejetté, foit un objet d'horreur,
Et qu'enfin dépofant une haîne ennemie,
Par tout l'homme s'embraffe & fe reconcilie.
Penfes-tu, que jouet d'un effroyable fort,
L'homme à l'homme ici bas vient apporter la mort ?
Que le Ciel a formé les méchans & les traîtres ?
Qu'un Tyran éternel tourmentant tous les êtres,
A nos fens tout exprès attacha les douleurs,
Et que pour fon plaifir il inventa les pleurs ?
Contre l'homme animé d'une haîne implacable ;
Ne peux-tu t'abftenir d'immoler ton femblable ?
Forcé par des cruels d'enfanglanter mes mains :
Hélas ! pour mon malheur je chéris les humains.
O fort d'un Conquérant ! ô deftin déplorable !
Vains lauriers que je hais ! gloire injufte & coupable !
Chrétiens que j'ai vaincus, je cherche à vous fléchir,
Je demande la paix, ne pouvant vous haïr.

ARGILLAN.

Tu ne l'obtiendras point ; un vain efpoir t'anime.
Il faut verfer du fang pour effacer ton crime.
Telle eft du Ciel vengeur l'irrévocable loi,
Ne parle plus de paix, il n'en eft point pour toi.

ARGILLAN,

SALADIN.

Dieu, qui lis dans les cœurs, Dieu, témoin de sa rage,
Tu le vois, on m'entraîne aux plaines du carnage.
Toi, malgré le trépas que tu veux me donner,
Quand je t'aurai vaincu, je te veux pardonner.

SCENE III.

ROSEMOND, ARGILLAN.

ROSEMOND.

Seigneur, je vous cherchais rempli d'impatience.

ARGILLAN.

Vous devriez plutôt éviter ma préfence.

ROSEMOND.

Sandomir ne doit plus exciter ce courroux.
J'ai parlé, je l'emporte : il eft digne de vous.

ARGILLAN.

Il eft digne de moi ! quel affront vous me faites !
Il eft digne de vous, féducteur que vous êtes.

ROSEMOND.

Il veut vaincre l'amour dont il eft combattu.

ARGILLAN.

Il veut vaincre, dit-il, ah le lâche eft vaincu.

ROSEMOND.

Seigneur, pour votre Frere un peu de complaifance.
Eh ! les faibles mortels ont befoin d'indulgence.

N'embrafferez-vous point un frere infortuné?

ARGELLAN.

Qui, moi? Qu'il fe repente, & tout eft pardonné.
Suis-je fon ennemi? Non, malgré ma colere,
Malgré fon crime affreux, je fens qu'il eft mon frere.
Mon cœur ne fe plaît point à haïr les mortels,
Et je n'ai de l'horreur que pour les criminels.

ROSEMOND.

Sachez que fes fermens, dans le fein qui le preffe,
Seigneur, d'un prompt départ ont laiffé la promeffe.
Cette nuit il vous fuit. O vertueux enfans !
Je cours, je ne fens plus la vieilleffe & les ans.

SCENE IV.

ARGILLAN, ZELIMERE, SELIME.

ARGILLAN.

O Toi, fi la vertu dans fes nœuds te rappelle,
S'il eft vrai que ton cœur abhorre une infidèle ;
De ta haine à mes yeux apporte les fermens,
Ceffe de t'abfenter de mes embraffemens.

ZELIMERE, au fond du Théâtre.

Selime, tu l'entends, je fuis encor trahie.
Je te l'avais bien dit : ne fouffrons pas qu'il fuye.

ARGILLAN, *apercevant Zelimere.*

La voilà : je ne puis, preffé de toutes parts
De fon coupable afpect préferver mes regards.
Mais courons l'écarter de cet objet funefte ;
C'eft trop peu de la fuir, je veux qu'il la détefte.

ZELIMERE.

Quel horrible regard il a lancé fur moi !
Ah ! Selime, l'ingrat va me manquer de foi ;
Tous mes fens font frappés de cette horrible idée.
Fatale paffion dont je fuis poffedée !
Selime, prens pitié de l'état où je fuis,
Guide mes pas, dis-moi : quelle route a-t-il pris ?
Il ne peut nulle part éviter ma préfence.
Soutiens-moi, je me meurs, je le vois qui s'avance.

SCENE V.

SANDOMIR , ZELIMERE, SELIME.

SANDOMIR, *dans le fond du Theâtre.*

QUE vois-je ? Zelimere ! ah ! ciel ! je fuis perdu.

ZELIMERE.

Seigneur, à mon afpect vous femblez confondu.

SANDOMIR.

Je ne puis demeurer ; une loi trop févere,
Madame, malgré moi me fait chercher un frere.

ZELIMERE.

Ah ! Seigneur, répondez ; votre premier devoir,
Le foin le plus preffant n'eft-il pas de me voir ?
Parlez.

SANDOMIR.

Madame, il faut rompre enfin le filence.
Je m'étais trop flatté de la douce efpérance
Que peut-être à vos pieds on pourrait m'oublier.
Mon cœur de mille nœuds ardent à fe lier,
Ne voyait de péril, hélas ! qu'à vous déplaire ;
Mes yeux à mes côtés ne voyaient pas mon frere,
Les Chrétiens enflâmés d'un couroux furieux,
Un mortel plus puiffant & plus terrible qu'eux.
Vous ne connaiffez pas ce vieillard redouta ble.
D'un pouvoir étonnant fa préfence m'accable.
Par-tout il fuit mes pas dans ce trifte féjour.
J'ai longtems dans fes bras combattu pour l'amour.
Malgré mes vains efforts il a fallu fe rendre.
Contre un vieillard en pleurs je n'ai pu me déffendre ;
Et s'emparant des droits que je vous ai donnés,
Il a faifi l'empire en mes fens étonnés.

ZELIMERE.

Que l'on doit peu compter fur ta vaine tendreffe !
Qu'avec légereté tu trahis ta maitreffe !
Tu cours m'abandonner, & tu fuis de mes bras
A la voix d'un mortel que tu ne connais pas.
Qu'importent des brigands & leur vaine furie ?
Laiffe-les murmurer & menacer ta vie.

Vaut-il mieux me trahir qu'affronter le trépas ?
Lâche, si tu m'aimais, tu ne les craindrais pas.
Selime, où retrouver la paix que j'ai perdue ?
Je hais l'inftant fatal qui t'offrit à ma vue ;
Où je fentis l'amour s'attacher à mon cœur.
Je crus que cet ingrat m'apportait le bonheur !
Depuis ce jour fatal, éperdue, égarée,
Je viens, je cours, je fuis, je meurs défefperée.
Ah ! ma chere Selime, où porter ma douleur ?
Où trouver une main qui foulage mon cœur ?

SANDOMIR.

Madame, épargnez-moi ces cruelles allarmes.
Je fuis près de périr quand vous verfez des larmes.
　(*A part.*)
Soleil, dont la clarté fans relâche me luit,
Daigne finir le jour, laiffe avancer la nuit.

ZELIMERE.

Je t'entends, & tu veux qu'aux douleurs condamnée,
Ton amante demain s'éveille abandonnée.
Je renonce au fommeil ; promenant mes ennuis,
Seule je pafferai le filence des nuits.
Sentinelle affidue, éveillée à toute heure,
Errante en ce palais, autour de ta demeure,
Perfide, malgré toi je faurai te fauver
Des criminelles mains qui viendront t'enlever.
Mais c'eft trop m'oppofer à la fuite d'un traitre.
Devant moi déformais garde-toi de paraître.
Fui.

SANDOMIR

TRAGÉDIE.

SANDOMIR *fait effort pour fortir.*

Malheureux ! fortons : je ne puis avancer.

ZELIMERE , *courant fur fon paſſage.*

Une amante en fureur te défend de paſſer.
O toi, que j'idolâtre en ma rage impuiſſante,
Ennemi que j'abhorre & dont l'aſpect m'enchante,
Tyran, qui me foumets à cette horrible loi,
Je détefte l'amour que je reſſens pour toi.
Tremble de me braver & connais ma furie,
Tu veux m'abandonner, traître, je t'en défie.
Par-tout à tous les yeux nos feux feront offerts,
Je te fuivrai, parjure, au bout de l'univers ;
Et je prétends enfin dans l'efpoir qui me guide,
A l'univers entier dénoncer un perfide.
Je faurai te contraindre, errant, defefperé,
A fupporter l'amour que tu m'as infpiré.
Il fallait t'annoncer, & te faire connaître ;
Tu devais m'avertir que tu n'étais qu'un traître.
Tu crus que fans me plaindre, acceptant mes malheurs,
Je me confolerais à répandre des pleurs.
Lâche, tu t'abufais. Amante inéxorable
Je te tourmenterai d'un amour déplorable.
Je t'entendrai gémir de l'excès de mes feux,
Mes plaintes, mes tranfports te rendront malheureux.
Je voudrais que partout une amante abufée,
Tirât de fon perfide une vengeance aifée ;

E

Le suivît en tous lieux attachée à ses pas,
C'est ainsi qu'il faudrait nous venger des ingrats.

(Elle va pour sortir ; Sandomir
se met sur son passage.)

SANDOMIR.

Arrêtez... Fuyez-moi... Zelimere... Cruelle !
Demeurez...

ZELIMERE.

Laisse-moi : quoi, tu veux, infidele....

SANDOMIR.

Vous osez balancer ! redoutez mes fureurs.
Ah ! demeurez, vous dis-je : un pas de plus je meurs.

(Il met la main sur son épée.)

ZELIMERE.

De ses sens tout à coup, quel désordre s'empare !

SANDOMIR.

Eh bien, puisqu'il le faut, triomphe donc, barbare ;
Tyrannise à ton gré ton malheureux amant.
Je cesse de combattre un fatal ascendant.
L'obstacle qu'on m'oppose enflâme ma colere.
Dans mes emportemens je cours braver mon frere.
Je ne le connais plus s'il ose me blâmer.
C'est malgré l'univers que je prétens t'aimer.
La raison m'abandonne & fuit un misérable.
Je ne redoute plus de me rendre coupable.
Commande à tous mes sens que tu vas égarer.
Sorti de mon devoir, je n'y veux plus rentrer.

L'amour, le tendre amour, dut être légitime :
Eſt-ce ma faute à moi, ſi l'on en fit un crime ?
C'en eſt fait : dût la honte être mon châtiment,
Dût le crime à tes pieds attendre ton amant,
N'importe, il faut t'aimer. Sortez de ma mémoire
Préjugés de l'honneur, vains ſouvenirs de gloire.
Chrêtiens, à votre loi je ne ſuis plus ſoumis,
Je ne vous connais plus que pour mes ennemis.

ZELIMERE.

Tous ces tranſports d'amour ont calmé ta maitreſſe.
Sandomir, puis-je enfin compter ſur ta promeſſe ?
Mais tu m'abandonnais, tu promis en effet...

SANDOMIR.

Sais-je ce que j'ai dit ? Sais-je ce que j'ai fait ?
Eh ! le puis-je ? Di : moi, dont l'ame eſt éperdue ;
Qui meurs lorſqu'un inſtant t'éloigne de ma vue !
Eſclave, je te ſuis, eſclave, je te ſers,
Et je ne puis, hélas ! m'échapper de mes fers.

ZELIMERE.

Qu'elle paix dans mon cœur ſuccède à tant d'allarmes !
Qu'un inſtant de bonheur récompenſe de larmes !
Va rompre les ſermens que tu fis en ce jour,
Va les rétracter tous, hormis ceux de l'amour.

(Elle ſort.)

SANDOMIR. Il va pour ſortir.

Allons ... ciel ! je frémis, mon ennemi s'avance.
Le bonheur peut-il être où n'eſt point l'innocence ?

E ij

SCENE VI.

ROSEMOND, SANDOMIR.

(Il va pour sortir.)

ROSEMOND.

Voulez-vous vous souftraire à mes pas chancelans?
Jeune homme, respectez la vieilleffe & les ans.

SANDOMIR.

Pourquoi pourfuivez-vous un mortel miférable?

ROSEMOND.

Vous ne me fuiriez pas, fi vous n'etiez coupable.

SANDOMIR.

Je ne la quitte point : ceffez de l'efperer.
Eft-il en mon pouvoir de ne point l'adorer?

ROSEMOND.

Eh ! quoi, vous paraiffez fenfible à mes allarmes ;
Et foudain fans refpect triomphant de mes larmes,
Mes chagrins font perdus, mes pleurs font oubliés,
Et fortant de mes bras vous courez à fes pieds.
Seigneur, c'eft me traiter avec irrévérence,
Et je me laffe enfin d'une telle inconftance.

SANDOMIR.

Ne m'importunez plus, je fuis las de fouffrir.
Il faut ceder, il faut l'adorer ou périr.

ROSEMOND.

Vous rejettez envain le joug qu'on vous impofe.
Le ciel à vos amours fe préfente & s'oppofe.
Envain contre fes loix vous ofez murmurer,
Vous n'avez pas le droit de vous deshonorer.
Allez, adorateur d'une femme coupable
Vous vanter à fes pieds d'une ardeur méprifable.
Bientôt tous les Chrétiens viendront vous y chercher,
Et moi, qui jure ici de vous en arracher.

SANDOMIR.

Mon cœur indépendant fait braver la menace.
Une telle défenfe enhardit mon audace,
Seigneur, fuis-je en effet foumis à votre loi ?
Quel eft cet afcendant que vous prenez fur moi ?
Le ciel vous chargea-t-il du foin de me conduire ?

ROSEMOND.

Il faut bien que le ciel m'ait donné quelque empire.

SANDOMIR.

Que me demandez-vous ? Que veut votre fureur ?
Le redoutable amour n'eft-il pas dans mon cœur ?
Pouvez-vous me guérir du mal qui me poffède ?
Hélas ! il s'en faut bien ; vous n'avez pour remède
Que des reproches vains, des confeils impuiffans ;
Vous ne réuffiffez qu'à troubler les amans.

ROSEMOND.

Jettez-vous dans mon fein. Ah ! n'en cherchez poin
d'autre :
L'approche de mon cœur doit foulager le votre.
(Sandomir s'appuie fur le fein de Rofemond
E iij

De quelles paſſions, grand Dieu, ſont conſumés
Tous ces frêles mortels un inſtant animés !

SANDOMIR, *ſortant effrayé des bras*
de Roſemond.

Quelle était mon erreur ? imprudent ! je m'égare
Au ſein d'un ennemi, dans les bras d'un barbare !
Inſenſé ! l'on m'adore, & je ſuis malheureux !
Inflexible vieillard que j'ai cru généreux !
Ah ! c'eſt trop abuſer de mon ſort déplorable.
Vous ne jouirez point du malheur qui m'accable ;
Je deffendrai l'objet qu'on prétend m'enlever,
Je mettrai déſormais ma gloire à vous braver.
Je combats, s'il le faut, les Chrétiens, & vous-même,
Je perirai du moins en perdant ce que j'aime.
    Ciel ! que vois-je ? Eſt-ce moi qui fais couler vos
    pleurs ?
Vous ajoutez, cruel, le comble à mes douleurs.
Dans mes ſens éperdus vous jettez l'épouvante.
Seigneur, ne pleurez point, j'oublirai mon amante.

ROSEMOND.

Rougiſſez-vous enfin de vos emportemens ?
Venez les expier dans mes embraſſemens.
Seigneur, ſuivez mes pas ; que ma main vous délivre.
Venez.

SANDOMIR.

    Où voulez-vous me contraindre à vous ſuivre ?

ROSEMOND.

Où l'honneur vous conduit, dans le camp des chrétiens.

SANDOMIR.

Ai-je mis en balance & vos pleurs & les siens ?
J'ai perdu ma raison : une ivresse insensée
Lorsque je vous aborde, égare ma pensée.
Qui, moi ! je vous ai plaint ! vous, mon persécuteur,
Vous, dont la cruauté s'oppose à mon bonheur.

ROSEMOND.

Juste ciel ! à quel point sa raison l'abandonne !
Suivez-moi.

SANDOMIR.

Non, vous dis-je.

ROSEMOND.

Eh bien, je vous l'ordonne.

SANDOMIR.

Vous !

ROSEMOND.

Oui : vous entendez mes ordres absolus,
Obéissez, vous dis-je, & ne repliquez plus.

SANDOMIR, *effrayé.*

La foudre m'a frappé. Quelle horreur m'environne !
Je puis désobéir aux ordres qu'on me donne.
Et je cours de ce pas...

ROSEMOND.

Arrête, ou cette main
D'un vieillard expirant va fermer ton chemin.

SANDOMIR.

Non : vous profitez trop d'un penchant qui m'abuse.

E iv

ROSEMOND.

Je tombe à tes genoux : c'est toi que j'en accuse.

SANDOMIR, *reculant, avec effroi.*

Barbare, levez-vous : mes sens sont effrayés.
Je suis épouvanté de vous voir à mes pieds.

ROSEMOND, *à genoux.*

Ingrat, il te sied bien de braver ma tendresse.

SANDOMIR.

Je ne me connais plus.

ROSEMOND.

Fuiras-tu ta maitresse ?

SANDOMIR.

Oui tyran ; levez-vous : je cours vous obéir,
Et tremblant devant vous, je cherche à vous fléchir.

SCENE VII.

ROSEMOND, ARGILLAN,
SANDOMIR.

ARGILLAN.

ENFIN serait-il vrai que renonçant au crime ?...

ROSEMOND.

Votre frere, Seigneur, mérite votre estime,
Il court désavouer un si coupable feu.

ARGILLAN.

Eh bien, que tarde-t-il de m'en faire l'aveu ?

ROSEMOND.

Je vous réponds pour lui de son indifférence.

SANDOMIR.

Que dites-vous ? qui, moi? non ce difcours m'offenfe
Je ne promis jamais de ne point l'adorer,
C'eft bien affez hélas ! de m'en voir féparer.

ARGILLAN.

Lâche, qui te complais dans une flâme impure,
De tes impiétés tu combles la mefure.

ROSEMOND.

Seigneur, c'eft votre frere, ah! montrez moins d'aigre
Ah! daignez le traiter avec plus de douceur.

SANDOMIR.

Je brave ces tranfports d'impuiffante colere,
Je l'avoue hautement, j'adore Zelimère.
Dans ce conftant amour je veux perfévérer,
Et malgré tes fureurs je prétends l'adorer.

ROSEMOND, à Sandomir.

Venez,

SANDOMIR.

Non, laiffez-moi: cette enceinte eft facrée
Qui de vous oferait m'en défendre l'entrée?
Et puifqu'on s'en hardit à me parler ainfi...
Je fuis libre en effet de demeurer ici.

ROSEMOND, le prenant par la main.

Suivez-moi: voulez-vous par votre réfiftance
Contre un faible veillard ufer de violence ?

SCENE VIII.
ARGILLAN, OSCAR.
ARGILLAN.

O crime! ô deshonneur que je ne puis souffrir !
OSCAR.
Votre main cependant balance à le punir.
Quoi, vous aimez le Ciel & souffrez quon l'offense ?
ARGILLAN.
Il n'est pas vrai : je cours embrasser sa défense.
Mais d'un trouble inconnu je me sens arrêter ..
n doute plein d'horreur...,
OSCAR.
      Le crime est de douter.
ARGILLAN.
on frere...
OSCAR.
   Il est peut-être aux pieds d'une infidèle,
llez, courez, tremblez que l'on ne vous rappelle.
ARGILLAN.
'y vole, suivez-moi : perfide, tu mourras.
ous avez prononcé l'arrêt de son trépas.
'abandonne à vos mains le soin de son suplice.
'en est fait ; je vois bien que Dieu veut qu'il périsse.
OSCAR, *seul.*
l mourra ; mais sa mort ne remplit pas mes vœux,
e ne puis me sauver qu'en les perdant tous deux.

Fin du quatrieme Acte.

ACTE V.

SCENE PREMIERE.
ZELIMERE, *seule.*

Pourquoi diffe-t'il de paraître à ma vue ?
Venait-il me tromper ? m'a-t-il encor déçue ?
Que mon cœur mal inftruit connait peu les amans !
Hélas ! doit-on compter fur tous leurs vains fermens ?
D'où vient que tout mon corps d'épouvante friffonne ?
Ah mon cœur m'avertit que l'ingrat m'abandonne.

SCENE II.
ZELIMERE, SÉLIME.

ZELIMERE,

Sélime, que fait-il ? où va-t-il ? qu'a-t-il dit ?
Parle : n'eft-il pas vrai que l'ingrat me trahit ?
SÉLIME,
Je l'ai fuivi des yeux, dès qu'il m'a vû paraître,
Madame, fes regards...
ZELIMERE.
Il eft parti peut-être,

Pour dérober fa fuite a-t-il pris des détours ?

SÉLIME.

Non, non, vous l'outragez par d'injuftes difcours,
Et j'ai vû les douleurs dont fon ame eft touchée.
Tantôt trifte, rêveur & la tête penchée,
Tantôt levant les mains & montrant fes regrets,
Il détournait fes yeux pleurans vers le Palais.
Deux Chevaliers Chrétiens le retenaient à peine.
Il voulait revenir : on le preffe, on l'entraîne :
Ses efforts de leurs mains n'ont pû le délivrer,
Dans leur Temple profane ils l'ont contraint d'entrer.

ZELIMERE.

Comment ne vois-tu pas qu'il fe laiffe conduire ?
C'eft un fourbe, te dis-je, il voulait me féduire.

SÉLIME.

Mais fongez qu'il ne peut, quelques foient fes deffeins...

ZELIMERE.

Quôi, le traitre n'a pû s'échapper de leurs mains ?
Contre tous révolté l'as-tu vû fe débattre ?
Pour demeurer fidèle a-t-il ofé combattre ?
Ce Chrétien eft un lâche, un traître, un impofteur.
Il ne m'a point aimée... Ah mortelle douleur !
Et je le laiffe en paix s'applaudir de fon crime !
Peut-être en ce moment loin des murs de Solime...
Sujets de Saladin, courez de toutes parts,
Le tems preffe, armez-vous, veillez fur nos remparts.

Arrêtez ce Chrétien, sa perte est nécessaire;
Il connait les desseins de la Cour de mon pere.
Cours, Sélime, di - leur que tu viens de sa part,
Mais moi même courons... J'arriverai trop tard.

(*Elle rencontre Argillan sur un côté du Théâtre, elle fait
un mouvement qui peint sa frayeur & sa haîne,
& sort de l'autre côté.*)

SCENE III.

ARGILLAN, *seul.*

IL est donc accompli ce sacrifice horrible !
Ah ! lorsqu'on est barbare, on doit être insensible.
Dans ce serment fatal, exemptes de soupçon
Ses levres comsommaient le funeste poison.
O Ciel ! ai-je assez loin poussé la barbarie ?
Ai-je dû pour te plaire attenter sur sa vie ?
Toi qui me secondais dans ce fatal moment,
De quel œil, Dieu vengeur, me vois-tu maintenant ?
Di - suis-je vertueux ? assassin de mon frere
Je te viens de son sang demander le salaire.
Di quel prix ta bonté réserve à ma fureur ?
Quel horrible remord naît au fond de mon cœur !
Malheureux ! si ma rage était illégitime !
M'avertis-tu, Grand Dieu, que j'ai commis un crime ?

ARGILLAN.

SCENE IV.

ARGILLAN, SANDOMIR,
sur un côté du Théâtre.

SANDOMIR.

QUI m'amène en ces lieux? & qu'y viens-je chercher?
Ah je n'ai plus d'amante , il faut s'en arracher.
Est-ce à moi d'aborder cette auguste demeure ?
Avant que d'en sortir il faudra que j'y meure.
Zelimère, ton cœur doit-il me pardonner ?
J'ai juré de te fuir & de t'abandonner.
Recours des malheureux , ô mort , viens, je t'appelle.
Mes vœux sont exaucés, je sens sa main cruelle.
Déja mon corps tremblant ne peut se soutenir.
Tous mes sens sont frappés & sont près de périr.
Ce changement subit hélas ! est nécessaire :
Sans doute on ne peut vivre en perdant Zelimère.

(Il se laisse tomber dans un fauteuil. Argillan veut avan-
cer & recule avec effroi , il fait divers mouvemens qui
peignent son désespoir.)

ARGILLAN.

En voyant de quel coup l'a frappé ma fureur ,
Je recule saisi d'épouvante & d'horreur.

(A demi-voix.)

O toi, de qui mes mains ont comblé la ruine,
Tu ne soupçonnes pas celui qui t'assassine !

SANDOMIR.

Mon frere ; approchez-vous : venez sauver mes jours.

ARGILLAN, *à part.*

De la main qui l'immole il attend un secours,

SANDOMIR.

Mon frere, un feu cruel m'embrâse & me dévore.

ARGILLAN.

Ce frere que tu vois & que ta bouche implore,
Nomme-le ton bourreau, tu meurs empoisonné.

SANDOMIR.

Moi ! d'un poison fatal... & qui me l'a donné ?

ARGILLAN.

Moi !

SANDOMIR

Vous ! il se pourrait !... non : vous êtes mon frere.
Qui, moi ! je meurs, ô Ciel ! & je perds Zelimère !

(*Embrassant Argillan.*)

Cette mort m'épouvante. Es-tu mon assassin ?
Barbare, il m'est affreux de périr de ta main...

ARGILLAN, *se jettant à ses genoux.*

Je l'avoue à tes pieds, oui mon ame égarée,
Le trouble de mes sens, ma main désesperée...
Je l'ai cru, j'ai pensé qu'un horrible devoir...
J'ai commis ce forfait ! l'ai-je pû concevoir ?

SCENE V.
ROSEMOND, ARGILLAN, SANDOMIR.
ROSEMOND.

O spectacle touchant pour mon ame attendrie !
Le bonheur m'attendait au terme de ma vie.
Voilà ce que mon cœur t'a cent fois demandé ;
Ciel propice à mes veux tu me l'as accordé.
(*Sandomir marque son étonnement, Argillan fait un*
mouvement pour se relever.)
Ah ! demeure un instant au genoux de ton frere ,
Demeure, en cet état crains-tu de me déplaire ?
O vous, que j'idolâtre, ô vertueux enfans,
Souffrez que je me mêle à vos embrassemens.

ARGILLAN, *se levant brusquement.*
N'avancez pas , ô Ciel ! reculez d'épouvante ,
Tremblez de m'aborder.

ROSEMOND.
Qand ta vertu m'enchante,
Mon fils, lorsque pour moi déposant ta fureur,
Je te vois...

ARGILLAN.
Voyez-moi d'un regard plein d'horreur,

ROSEMOND.
Ton frere...

ARGILLAN.

ARGILLAN.

Le voilà; connaissez tout mon crime :
Je suis un assassin, vous voyez ma victime.

ROSEMOND.

Ton frere ! malheureux ! ô Chrétien forcené !
Sandomir, le cruel t'a donc assassiné !
Eh bien, tremble, pâlis : en immolant ton frere,
Tu te trouves, barbare, en présence d'un pere.

ARGILLAN.

Vous ! où fuir ?

SANDOMIR, *avec transport.*

Vous mon pere !

ARGILLAN.

O forfait ! ô terreur !

ROSEMOND.

Oui je le suis, crois-moi : ce nom me fait horreur.

SANDOMIR, *se levant avec effort.*

Le Ciel parle à mon cœur & m'inspire l'envie
De mourir sur le sein qui m'a donné la vie.

ROSEMOND.

Mon cher fils, ton bourreau m'associe à ton sort,
Le coup qu'il t'a porté va me donner la mort.

SCENE VI.

Les Acteurs précédens, ZELIMERE.

ZELIMERE.

IL ne vous suivra point, non ; malgré sa promesse :
Vous êtes des brigands & je suis sa maitresse.
J'ai reçu ses sermens. Ne m'as-tu point promis
Que tu ne suivrais pas nos cruels ennemis ?

E

Perfide, tu te tais, & ta vue égarée...
De quel œil il regarde une amante éplorée!

SANDOMIR, *les yeux égarés, fortant des bras de*
Rofemond.

Où fuis-je? quelle pompe? & qu'eft-ce que je voi?
Tous mes maux font finis : Zelimere eft à moi.
Je puis dônc à fon fort unir ma deftinée.
On allume partout les flambeaux d'Himenée...
O Ciel! on me l'enlève... Elle me tend les bras.
Courons la délivrer... On arrête mes pas.
On me preffe, on m'entoure & la foule s'augmente ;
Ah! barbares Chrétiens, rendez moi mon amante.

(Il veut courir après elle, on l'arrête.)
(A fon pere qui le tient embraffé.)

Implacable ennemi, toi qui m'en as privé,
Rends moi, rends moi l'objet que tu m'as enlevé.

(Il fe laiffe tomber dans le fauteuil.)

ZELIMERE.

(Zelimere qui eft tombée évanouie dans les bras de Selime
reprend fes fens, elle s'élance vers Sandomir.)

Me voilà, cher amant, & je refpire encore.
Preffe la trifte main de celle qui t'adore,
N'entends-tu point mes cris? ne fens-tu point mes
pleurs?
Tu dois me reconnaître hélas! à mes douleurs.

SANDOMIR, *dans le fauteuil.*

Qu'entends-je? quelle eft donc cette voix gémiffante?

ZELIMERE.

Hélas! tu méconnais la voix de ton amante!

SANDOMIR, *la regardant d'un œil étonné.*

Zelimere, c'eft vous! quelle était mon erreur!

Chere amante, la mort a donc glacé mon cœur.
Je cherche cet amour que je ne pus contraindre,
Déja je t'aime moins & je le fens s'éteindre.
Zelimere, la mort va donc nous féparer ;
J'ai peine à me réfoudre à ne plus t'adorer.
De mes yeux pour jamais je te vois difparaître,
Et l'un pour l'autre, hélas ! nous allons ceffer d'être.
C'en eft fait & je touche à mon dernier foupir,
Ne parlons plus d'aimer, il s'agit de mourir.

ZELIMERE.
Qui, nous ! nous féparer ! ô tendreffe inutile !
Je te fuivrai du moins dans ton dernier azile.

SANDOMIR.
Mon pere, foyez moins affligé de mon fort,
Plaignez ce malheureux qui m'a donné la mort.
Je la fens s'approcher, je meurs... Adieu mon pere,
Si vous m'avez aimé, pardonnez à mon frere.

ROSEMOND.
Il expire : ô mon fils !

ZELIMERE, *fe penchant vers Sandomir.*
Sandomir ! Il n'eft plus.
Allons, il faut bannir des regrets fuperflus :
Je fais ce que doit faire une amante en furie,
Mais ce monftre un inftant me rappelle à la vie.
Sanguinaire Chrétien, bourreau de mon amant,
Tigre lâche & cruel, execrable brigand,
Livre toi maintenant à ton horrible joye,
Triomphe, fcélérat, fur l'innocente proie.
Affaffin, dont l'afpect me fait frémir d'horreur,
Di-moi, que t'a fervi l'excès de ta fureur ?
Fij

Ne vais-je pas mourir ? tu dois frémir encore,
Je cours me réunir à l'amant que j'adore.
Sandomir, en dépit de ton lâche bourreau
Je m'élance après toi dans la nuit du tombeau ;

(Elle se tue.)

L'innocence périt, méchant, vis, si tu l'ofes.

ROSEMOND.

Miférable, tu vois les malheurs que tu caufes.

SCENE VII.

Les Acteurs précédens, SALADIN.

SALADIN.

ZELIMERE expirante ! O Pere infortuné !
De morts & de mourans je fuis environné.
Ma fille, apprenez-moi quelle main criminelle
Ofa ...

ZELIMERE.

La mienne feule ...

SALADIN.

Ah que dis-tu cruelle ?
Et quel horrible trait tu plonges dans mon fein !

ZELIMERE.

Vous voyez mon Amant, ce monftre eft l'affaffin.
Mon Pere, pardonnez : je n'ai pû lui furvivre.
uand je l'ai vû mourant il a fallu le fuivre,
t contre la douleur que me caufoit fon fort,
élas ! je n'ai trouvé de fecours que la mort.

SALADIN.

Ne comptais-tu pour rien les tendreffes d'un Pere ?
Tu meurs, ma fille, & moi je refte à la lumiere !

Et moi je vais traîner la pourpre & mes ennuis.
Ah le plus malheureux de ceux que tu pourſuis,
Deſtin, c'eſt le mortel qui gémit ſur un trône,
C'eſt cet infortuné qui porte une couronne.
Délivrez mes regards d'un ſpectacle cruel,
Qui déchire & tourmente un cœur trop paternel.

(On emmène Zélimère.)

ROSEMOND, à Argillan.

N'as-tu pas conſommé ton horrible vengeance ?
Eh bien, que tardes-tu d'éviter ma préſence ?
Penſes-tu que je vais, acceptant tes ſecours,
Lâchement avec toi traîner mes derniers jours ?
Qu'un Pere ſcandaleux de l'honneur s'affranchiſſe,
Et porte à tes côtés le nom de ton complice ?
Faut-il que t'embraſſant & nous montrant unis,
J'accompagne par tout l'aſſaſſin de mon fils ?

ARGILLAN.

Seigneur, conſolez-vous, la rage qui m'anime...

(Il veut ſe tuer, Roſemond le déſarme.)

ROSEMOND.

Eſt-ce par un forfait que l'on expie un crime ?

ARGILLAN,

Vous arrêtez le coup que je veux me donner,
Eſt-ce pour me punir ou pour me pardonner ?
O mort, que tu me plais ! que tu m'es néceſſaire !
Lorſqu'aux tourmens du crime on cherche à ſe
      ſouſtraire,
C'eſt à toi ſeule, ô mort, que l'on doit recourir,
Le ſupplice eſt de vivre & non pas de mourir.

SCENE VIII.

Les Acteurs précédens, L'EMIR.

L'EMIR.

SALADIN, paraissez : le peuple est en alarmes.
Les Chrétiens soulevés ont déja pris les armes,
Seigneur, & contre vous abusant de la paix,
Ont osé s'avancer vers les murs du Palais.
Oscar plaint Sandomir, leur parle, les anime
A venger son trépas, à punir un tel crime.
Ils demandent, Seigneur, avec des cris hautains,
Que sur l'heure Argillan soit remis en leurs mains.
Moi, je crains qu'en effet ces Chrétiens homicides
Ne cachent des complots & des desseins perfides.
Du glaive menaçant armez ce bras vengeur.
Montrez aux insolens leur auguste vainqueur.
Venez intimider leur audace trop fiere,
Et que leurs fronts tremblans rentrent dans la poussiere.

ARGILLAN.

Quoi, le perfide Oscar ! ce traître audacieux,
Qui pour mieux m'égarer s'autorisant des Cieux,
Osa me commander ce forfait détestable !
O lâche criminel ! ô fourbe abominable !
Où le joindre ? En quel lieu l'attaquer, le frapper ?
Guidez mes pas : Ah Ciel ! s'il allait m'échapper !
Je l'attaque, & saisi dans un élan rapide,
Mes coups précipités couvriront le perfide.

Quel plaisir de le voir expirant de ma main,
Et sous le trait vengeur se débattant en vain !
Allons, courons, volons, cédons à ma furie ;
Ciel ! un instant de plus je lui laisse la vie !

(Il sort.)

SALADIN.

O tems qu'étonneront ces étranges fureurs,
Où l'homme détrompé, détestant ses erreurs,
Reprendra sa raison qu'égara l'ignorance,
Tems qui remplacerez ces siècles de démence,
Ne me confondez point avec tous ces Brigands ;
J'atteste devant vous que je hais les Tyrans,
Que des cruels humains mon cœur fut idolâtre ;
Si l'on peut m'accuser du crime de combattre,
Je puis dans ces horreurs, où je me vis forcé,
Rendre compte du sang que mes mains ont versé.

SCENE IX & derniere.

Les Acteurs précédens, ARGILLAN,
un poignard à la main.

ARGILLAN.

FUrieux, écartant la foule qui le presse,
J'ai couru le saisir d'une main vengeresse.
Il repoussait le coup, mais ce glaive vainqueur
Est descendu sanglant dans le fond de son cœur.
(Ah le traître égarant ma funeste colere,
M'a fait assassiner mon déplorable Frere.)

Sur fon cœur palpitant j'ai retenu ma main :
Je l'ai fait expirer le poignard dans le fein.
Il eft un malheureux plus criminel encore,
Son fupplice eft tout prêt.

(*Il fe tue.*)

ROSEMOND.

Jufte Ciel, que j'implore !
Cruel, ton repentir eut pû le défarmer.

ARGILLAN.

Je me meurs... Adieu... vous que je n'ofe nommer.

SALADIN, *à Rofemond.*

Le Ciel nous livre hélas ! à des deftins femblables.
Qu'il nous donne à fouffrir des maux épouvantables !
Frappés des mêmes coups : en nos communs malheurs,
Peres infortunés, allons mêler nos pleurs.

FIN.

94

www.ingramcontent.com/pod-product-compliance
Lightning Source LLC
Chambersburg PA
CBHW060634100426
42744CB00008B/1627